문장독본

나는 소설가이다. 책상에 앉아 있다.
공기 중의 질소와 산소를 합성해
어떤 약품을 만드는 사람처럼
나는 아무것도 없는 허공에서 무엇인가 원소를 추출해서
그것을 문장으로 고정한다.
이런 일을 벌써 십수 년 계속 하는데도
아직 기술에 기복이 있어서,
쉽게 써질 때도 있고 쓰지 못 할 때도 있다.
다양한 문학적 이념과 꿈과 현실이
여러 육체적 정신적 컨디션이 나를 자극하고,
글 한 줄에도 예술적 사회적
나를 짓누르고,
역사적 요구가 길을 가로 막고
내 펜을 정체 시킨다.

문장독본 文章讀本

미시마 유키오   강방화·손정임 옮김

일러두기
- 이 책은 1959년 잡지 『부인공론(夫人公論)』에 처음 발표되었던 미시마 유키오의 문장론 『文章讀本』(東京: 中央公論社, 1959)을 완역한 것이다.
- 원문에서 방점으로 강조된 글자는 고딕체로 표시했다.
- 주는 모두 옮긴이의 주이다.

차례

제1장 이 책의 목적 • 7

제2장 다양한 문장 • 15
남성의 문자와 여성의 문자 • 17
산문과 운문 • 26
문장 미학의 역사적 변천 • 36
문장을 맛보는 습관 • 45

제3장 소설 문장 • 51
두 종류의 본보기 • 53
단편소설의 문장 • 65
장편소설의 문장 • 80

제4장 희곡 문장 • 87

제5장 평론 문장 • 109

제6장 번역 문장 • 117

제7장 문장 기교 • 129

인물묘사―외모 • 131

인물묘사―복장 • 143

자연묘사 • 149

심리묘사 • 157

행동묘사 • 168

문법과 문장 기교 • 176

제8장 맺음말―문장의 실제 • 187

부록 질의응답 • 199

작품 해설 노구치 다케히코 • 227

옮긴이의 말 • 235

편집 후기 • 240

인명 찾아보기 • 243

제1장
이 책의 목적

관상용 과일이라는 것이 있다. 예를 들면 불수감*은 눈으로 보고 향을 즐길 뿐 먹지는 않는다. 먹어서 영양을 섭취하는 이른바 실용 과일과는 다르다. 그렇다면 글에도 엄밀히 따지면 관상용이 있을까? 예전에는 그런 목적의 글도 있었다. 미문美文이라고 해서 감상만을 위한 아름다운 문장이 있었는데, 예를 들면 중국의 사륙변려문四六騈儷文** 같은 글이 성행했을 무렵 문장 기술은 아주 특수한 장인의 기술로 여겨졌다. 지금처럼 교육이 보급되어 누구든 문맹만 아니면 글

---

* 부처의 손가락을 닮은 귤.
** 중국의 육조와 당나라 때 성행한 한문 문체. 문장 전편이 대구로 구성되어 읽는 이에게 아름다운 느낌을 주며, 4자와 6자로 된 구를 배열한다고 해서 사륙문(四六文)이라고도 한다.

을 쓸 수 있는 시대에는, 글이 가진 이러한 특수한 기능은 희박해져서 주변에서 관상용 문장을 볼 기회가 적어졌다. 그럼에도 여전히 문장이라는 것에는 미묘한 전문적 특질이 있다. 누구나 쓸 수 있는 지극히 평이한 글, 누구나 보고 들을 수 있는 글에도 특수한 전문적 세련미가 가미되어 있음을 놓치기 쉽다. 현재에는 감상 목적의 글이라 할지라도 의미가 숨겨져 있어서 겉으로는 일반적인 실용 문장과 다르지 않은 것처럼 가장하고 있다고 봐도 될 것이다. 예를 들어 잡지나 여러 가지 광고에서 볼 수 있는 선전 문구도 문학적인 가치가 높지는 않지만, 각각 독특한 목적에 따라 기교를 부린 글이며 결코 초심자의 글은 아니다.

현대 구어문이 사용되면서 일반 대중에게도 소위 말하는 글의 민주화가 일어났지만, 그래도 여전히 편지글 일부에 고어 문체가 남아 있고, 관청이나 군대 용어는 어려운 한문으로 되어 있었다. 천황 폐하의 칙유는 말할 것도 없다. 그러다 이차세계대전 이후에는 칙유도 구어체로 쓰는 시대가 되었고, 글은 그런대로 평준화가 진행된 것처럼 보이지만, 같은 구어체 문장에도 목적, 용도에 따라 어쩔 수 없이 여러 방법상의 구별이나 뉘앙스의 차이가 남아 있다. 내 경험을 말하자면, 대장성大蔵省에 근무했을 때 장관 연설문 초고를 쓰는 일을 맡고 호되게 고생한 적이 있다. 내 딴에는 아주 문학적인 강연 원고를 썼는데, 그것은 장관의 위신을 매우 떨어뜨리는 것이었다. 과장은 내 문장이 서투르다고 했고, 내 상관인 사무관이 초안부터 고쳐 썼다. 그 결과 완성된 글은 실로 감탄할 만한 명문이었다. 거기에는 구어체이면서도 상투적인 표현의 성과가 빛나고 있었다. 모든 것이 감정이나 개성적인 것으로부터 분리되었으며, 심금을 울리는 표현은 주의 깊게 삭제되었고, 일정 지위에 있는 사람이 불특정 다수에게 말하는 독특한 문체로 적혀 있었던 것이다.

나는 지금 여기서 갑자기 문체에 대해 다루려는 것은 아니다. 다만 요즘 볼 수 있는 '문장독본文章讀本'의 목적이 초심자 문학의 활성화에 영합하여 누구나 쓸 수 있는 문장독본에 치우치는 경향이 있는 게 조금 불편하게 느껴졌기 때문이다. 여성지에 실리는 결혼생활 기사에서는 결혼생활의 규칙, 신혼의 마음가짐, 첫날밤의 주의점 등 모든 보편적인 원칙을 가르쳐준다. 그러나 문장에는 그런 것이 없다. 우리는 초등학교 때부터 국어를 배우고, 작문을 배우고, 문장 규칙을 배우지만, 그다음에도 여러 전문적 단계가 많고 전문적 수련 과정이 있어서, 실용적 문장과 감상용 문장은 어느 지점에서 저절로 장르가 나뉜다. 그 장르를 타파한 것처럼 보이는 이른바 초심자 문학은 모방적 감상 부분과 매우 무의식적인 실용 부분이 기묘하게 뒤섞여 있어서 그것이 일종의 문학적 재미를 주기도 하지만, 여기서는 '문장독본'의 목적을 읽는 이를 위한 '문장독본'으로 한정하는 것이 목적도 명확해지고, 초심자 문학에 대한 오해도 바로잡을 수 있을 것이라 생각한다.

티보데*는 소설 독자를 두 종류로 나눈다. 하나는 일반 독자lecteur이고 다른 하나는 독서가liseur이다. 티보데에 따르면 "소설의 일반 독자란 소설이라면 뭐든 손에 잡히는 대로 읽으며 '취향'이라는 말 속에 내포된 내적, 외적인 어떠한 요소에도 이끌리지 않는 사람"이라고 정의된다. 신문소설을 읽는 사람은 대부분 이런 일반 독자이다. 반면에 독서가는 '그 사람을 위해 소설 세계가 존재하는 사람'이며, 또한 '문학이 가상의 오락이 아닌 본질적인 목적으로 존재하는 세계에 사는 사람'이다. 독서가는 미식가나 수렵가나 그 밖에 교양으로 얻은 취미의 고수 중에서도 최상급에 해당하며 '이른바 소설이 삶인 사람'이라고 불릴 만한데, 정말 소설의 세계가 실제 존재하는 것처럼 그 안에서 살아갈 만큼 소설을 깊이 맛보는 독자를 말한다. 나는 이 책 『문장독본』을 지금까지 일반 독자로 만족하던 사람을 독서가의 길로 이끌려는 생각으로 쓰기 시작했다. 그야말로 일개 작가에 불과한 나로서는 외람된 말이지만, 작가 역시 독서가에서부터 출발하기에 독서가의 단계를 거쳐야 문학 그 자체를 음미할 수 있고, 음미할 수 없다면 자신도 작가가 될 수

---

* 프랑스의 문예평론가, 소설가.

없다. 그러나 여전히 독서가와 작가 사이에는 재능이라는 알 수 없는 요소가 있어서, 타고난 성격과 운명 때문에 훌륭한 독서가이면서도 결국 작가가 되지 못한 사람도 있고, 대작가이면서 심한 편견에 가득 차서 다른 소설에 대해 스스로가 독서가이기를 거부했던 작가도 있다. 비평가인 생트 뵈브˙는 최고의 독서가였지만 자신이 쓴 소설은 모조리 실패했다. 한편 일본 최고의 소설가인 시가 나오야志賀直哉도 스탕달의 『파르마의 수도원』을 읽고 주인공 파브리스를 단순한 불량 청소년 같다고 단정했다. 시가 나오야는 일종의 작가적 결벽성으로 자신의 자질과 맞지 않는 문학을 거부하는 유형의 작가이다. 그러한 유형은 대부분 무의식적으로 자신과 결이 다른 문학을 애초에 받아들이지 않는다. 독서가의 소질을 가졌으면서도 독서가이기를 거부하는 형태, 일반 독자들에게 그러한 편파적 독서법은 아무 의미도 없을 것이다.

나는 중학교 시절 받은 작문 교육에 여전히 의문이 있다. 물론 학교에서는 평균적인 정서에 따라 작문을 가르쳤는데, 가장 좋은 문장은 직설적으로 서술하는 문장, 수식이 없는 문장, 현상을 있는 그대로 담담히 묘사하는 문장이라고 했다. 그러나 문장론으로 보자면, 이러한 문장은 많은 작가가 수많은 군더더기를 삭제한 후에야 마지막에 도달하는 이

˙ 프랑스의 시인, 소설가, 비평가. 근대 비평의 아버지라 불린다.

상적인 경지여서, 중학생처럼 에너지가 남아도는 나이에 제대로 이해될 리가 없다. 또 동시에 역사적으로나 민족적으로 문장에는 다양한 종류가 있어서 어느 한 문장이 최상의 문장이라고는 할 수 없다. 일례로 마르셀 프루스트의 문장은 명석하지만 간결함이 부족해, 프랑스 문학의 간결하고 지적으로 압축된 문체와는 모든 점에서 다르다. 그래서 프루스트의 문체는 처음에는 악문이라는 소리를 들었지만, 이제는 그가 창시한 독특하고 새로운 문체로 불린다. 이렇게 문장은 다양하게 진보하고 변화하고 각각의 개성에 따라 최상의 것이 만들어지므로, 이 『문장독본』의 목적도 어느 한 유형의 문체를 최고로 놓고 독단적으로 문체의 등급을 매기려는 것이 아니다. 나는 되도록 자신의 취향이나 편견을 버리고 모든 양식의 글의 재미를 인정하고, 또 모든 양식의 글의 아름다움에 민감해지고자 한다.

제2장
다양한 문장

남성의 문자와 여성의 문자

 순수한 일본어는 '가나假名*' 문자이다. 우리는 둥글게 휘어지는 '히라가나'의 형태에서 남성적 과감함을 느낄 수 없다. 실제로 히라가나로 쓴 헤이안 왕조 시대** 문학은 대부분 여류 문학이었다. 일본의 대표적인 순수 고전문학은 이러한 여류 작가들이 쓴 그야말로 여성적인 문학이며, 그 전통은 지금까지 오래도록 이어지고 있어, 일본 문학의 특질은 한마디로 여성적 문학이라고 해도 될 것이다.

 그렇다면 남성은 문학에 어떤 식으로 참여했는지 살펴보

---

* 한자의 일부를 따서 만든 일본 특유의 음절 문자. 히라가나와 가타카나가 있다.
** 헤이안은 교토의 옛 이름. 수도를 나라(奈良)에서 교토로 옮긴 후인 794년부터 1192년까지 약 사백 년간.

자. 헤이안 왕조 시대에 남성의 문자는 한자였고 여성의 문자는 히라가나였다. 그리고 『화한랑영집和漢朗詠集』 같은 한시집은 대부분 남성들이 썼고, 반면에 31자로 구성되는 와카和歌* 시집에서는, (남자가 쓴 시도 많지만) 여성도 뒤지지 않았는데 오히려 뒤지기는커녕 대표적 위상을 차지하며 활약했다. 『도사일기土佐日記』**의 도입부에 '남자들이 쓴다는 일기라는 것을'이라는 문장이 있는데, 이것은 『도사일기』의 작자가 스스로를 여자로 가장하고 여성의 문자로 처음으로 작품을 쓴 것에 대한 일종의 자기변명이다.

지금 상상해보면, 당시 사회에서는 논리와 감정, 이지理知와 정념이 남성성과 여성성으로 확실히 구분되어 있었다. 그리고 여성은 감정과 정념을 대표하며, 남성은 논리와 이지를 대표했다. 이것은 본래 성별의 성적 특질에 깊게 뿌리를 둔 것인데, 헤이안 왕조 시대에는 이 성적 특질에 따라 사용되는 언어 역시 달랐다. 즉, 이론과 이지의 외연에는 정치가 있고 경제가 있고 사회적 관심이 있었으며, 모든 바깥 생활이 있었다. 그리고 감정과 정념의 외연에는 정열이 있고 질투가 있고 보답받지 못할 사랑의 번민이 있고 슬픔이 있었으며, 인간 생활의 내적인 모든 것이 담겨 있었다.

---

* 중국에서 온 한시와 대조되는 것으로 일본 고유의 시를 이르는 말.
** 935년 이후 기노 쓰라유키(紀貫之)가 가나 문자로 쓴 일본 최초의 일기문학. 화자를 여성으로 설정해 섬세하고 솔직한 내용을 썼고, 이후의 여류 일기문학 발달에 영향을 주었다.

근대문학의 상식으로 볼 때 문학은 후자에 중점을 두게 된다. 그러나 옛 중국 문화의 영향을 받았던 시대에는 문학이라는 것이 반드시 후자에 중점을 두지는 않았다. 문장의 수사법은 정치, 경제, 사회 모든 면에 적용되었고, 중국의 고대 시는 마치 연애시와 같은 외형을 유지하면서 정치적 개탄을 서술하는 것이었다. 오히려 현대와 같이 문학이 완전히 사생활과 사적 감정의 표현으로 바뀐 것은 근대 이후의 현상이라고 해도 과언이 아니다. 글은 공공적 기능과 사적 기능 양쪽 측면을 갖고 있었다. 예를 들면 고대 그리스에서도 비극은 동시에 제사이기도 했다. 그리고 오이디푸스왕의 내적 감정의 폭풍은 신에게 지배받는 인간의 두려움을 드러냈고, 똑같이 신의 지배를 받는 운명을 가진 자로서 모든 시민의 생활과 같은 범주에 속했다. 즉 사생활과 공공 생활을 이어주는 제3의 존재가 종교인데, 헤이안 시대에는 에신 소즈惠心僧都의 『왕생요집往生要集』이 상징하는 내세 신앙이나, 『겐지 이야기源氏物語』의 근저에 흐르는 화엄종의 교리였고, 고대 그리스에는 그리스의 다신 신앙이 있었다. 일본의 헤이안 시대의 종교의 힘과 서양의 그리스나 중세 종교의 힘을 갑자기 비교하는 것은 성급하다는 비난을 받을 수도 있지만, 사람의 공공 생활과 사생활이 다른 존재, 제3의 존재의 지배 아래 있었으며, 비교적 동질한 것으로 인식되었다는 점에서 현대와 큰 차이가 있다. 19세기로 접어들어 낭만주의가 감정의 우위를 주창하기까지, 오랫동안 글은 이러한 두 가지 기능을 겸비하며 발전해 왔다. 이는 프랑스의 18세기 문학에도 적용될 수 있으며, 볼테르의 문학은 정치풍자 문학인 동시에 하나의 전형적인 소설이다.

그러나 일본어의 특질로 돌아오면, 일본인은 이상하게도 남성적 특질, 즉 논리 및 이지적 특질을 모두 외래 사상에 의지해버렸다. 헤이안 왕조 시대의 한어와 중국 문학의 교양은 무가 시대로 들어서면 선종의 영향을 받고, 다시 유교의 영향을 받으며 차례차례 새로 들어오는 외래문화의 영향을 받아 다른 것으로 교체되었다. 일본의 남성적 문화는 대부분 밖에서 들여온 것이며, 아직 외래문화를 접하기 전의 일본 남성은 『고사기古事記』* 시대와 같은 원시적 남성의 소박함을 지니고, 여전히 감정을 발견하지 못한 채 오로지 소박한 관능 속에서만 살고 있었다. 남성이 감정을 발견하기 전에 여성이 먼저 감정을 발견한 것이다. 그리고 남성은 점점 자신의 감정을 발견하기보다 고대의 외래문화가 가져온 여러 개념에 구속되는 것에서 오히려 적극적인 기쁨을 발견했다. 남성은 점점 더 고집스럽게 감정으로부터 멀어져서, 여러 가지 철학이나 종교의 개념으로 감정을 죽이려는 시도를 했다. 유교의 영향 아래에 있던 무사도의 그 완고함에 관해서는 여러분도 잘 알 것이다.

---

* 고대 일본의 신화, 전설 및 사적을 기술한 책. 일본에서 가장 오래된 문헌.

이러한 영향은 메이지유신 이후에도 여전히 사라지지 않았다. 독일 관념론 철학의 용어가 일본 지식층의 용어로 폭풍우처럼 밀려 들어왔고, 모든 추상개념은 독일 관념론의 용어로 대체되었다. 일본에는 일본 특유의 추상개념이 없었으므로, 그 옛날 헤이안 왕조 시대부터 남성은 추상개념을 모두 외래어로 처리해버리는 습관이 들어 있었다. 그리고 일본어 특유의 추상개념에 해당하는 건 언제나 정서의 안개에 휘감기고 감정의 습도에 침윤되어, 추상개념은 결코 자립성, 독립성, 명료성을 가질 수 없었다. 오히려 단어의 이러한 애매성은 남녀 구별 없이 민중의 언어 속에 침투하여 민중문학이 탄생할 토양을 만들게 되었지만, 이 역시 나중 문제이다.

이렇게 생각해보면 일본 문학은, 엄밀히 말해 일본에서 탄생한 문학은 추상개념의 결여로부터 출발했다고 해도 좋을 것이다. 그래서 일본 문학에는 추상개념의 효과적 기능인 구성력이나 등장인물의 정신적 형성 같은 것에 대한 고려가 오랫동안 상실되어 있었다. 남성적인 세계, 즉 남성 특유의 이지와 논리와 추상개념이라는 정신적 세계는 오랫동안 방치되었던 것이다. 헤이안 왕조가 지나가고 전기물戰記物의 시대가 되면, 이제 서사시적인 가타리모노語りもの* 문학인 『헤이케 이야기平家物語』나 『태평기太平記』가 탄생하는데, 거기서 묘사되는 남

---

* 곡조를 붙여 악기에 맞추어 낭창(朗唱)하는 이야기나 읽을거리.

성은 오로지 행동만 하는 전사여서, 사람을 베고 베이고, 말을 타고 질주하거나 적진에 뛰어들고, 부채를 과녁 삼아 활을 쏘는* 그저 행동적인 남성의 일면이 전달되는 데 불과했다.

한편, 헤이안 왕조 시대의 여류 작가가 개척한 남성 묘사는 이른바 여성의 감정과 정념에서 본 남성의 모습이다. 남성은 오로지 연애에만 헌신하고 모든 관심은 여성을 사랑하는 일에만 쏠렸다. 거기서는 남성조차 여성적 관념에 침범당해, 모두 남녀의 정념 세계에 살며, 히카루 겐지**처럼 절세 미남이기는 해도 그저 한 여자에게서 다른 여자에게로 옮겨 다니는 관능적 인간을 이상적인 남성으로 그렸다. 이 역시 전기물의 행동적인 남성과 마찬가지로 남성의 일면을 묘사한 데 불과하다. 그러나 이러한 남성 묘사의 전통이야말로 일본 문학의 가장 깊고 오래된 전통이다. 겐로쿠 시대***에 이하라 사이카쿠井原西鶴가 쓴 『호색일대남好色一代男』도 『겐지 이야기』의 영향을 받은 작품으로, 여기에서도 호색만 탐하며 산 남자의 생애가 그려지는데, 그것이 무사 계급의 도덕 규범에 대한 민중적 인식을 대표하는 것이었다 하더라

---

* 『헤이케 이야기』의 등장인물 활의 명수 나스노 요이치가 야시마 전투에서 흔들리는 배 위의 여인이 들고 있는 부채를 맞추는 일화.
** 『겐지 이야기』의 주인공.
*** 17세기 말에서 18세기 초, 막부 정치가 안정되고 경제 발전이 이루어지면서 도시가 성장한 시기.

도, 역시 남성의 정신적 세계는 등한시되었고, 그러한 전통은 의식하지 못하는 사이에 메이지 이후의 근대문학으로까지 이어졌다. 시가 나오야가 쓴 『암야행로暗夜行路』의 주인공 도키토 겐사쿠는 행동적 인간인 동시에 비정상적일 만큼 관능적 인간이라는 점에서 서양의 근대소설과 확연히 다르다. 일본 문학가들이 형성해온 남성상이 하나의 극단적 형태로 나타나는데, 그는 추상개념이 완전히 결여된 반면에 행동과 연애에 한해서만, 그리고 감각과 관능에 한해서만 남성성을 드러낸다.

우리는 이러한 일본어의 특질을 항상 눈앞에서 보게 된다. 많은 작가가 이러한 특질로부터 도망치려고 다양한 시도를 했지만, 근본적으로는 일본인이 일본어를 사용하는 이상, 오랜 전통과 일본어 특유의 특질로부터 벗어날 수는 없다. 일본 문학은 좋든 싫든 여성적 관념, 즉 감정과 정념의 관념에서는 세계 최고라고 해도 될 것이다. 그런 점에서 일본 근대문학에서 성공한 작품들은 자연히 일본 고전문학의 가장 풍부한 특질을 이어받은 것들이었다. 가령 고전적 교양이 없는 작가라도 언어 그 자체에 의해 저절로 제약을 받고, 과거의 양분을 취하고 있으므로 그런 결과가 나오는 것이리라.

아무것도 모르고 풋풋한 느낌도 사랑스러워, 갖은 말로 장래를 약속했다.

"옛사람들도 남에게 인정받는 사이보다 이런 사이가 더 애틋하다고들 했다오. 서로 사랑합시다. 처신을 삼갈 사정이 없지 않으니, 내 몸이 내 마음대로 되지 않으오. 그리고 그분들도 허락을 하지 않을 것이니, 마음이 아프구려. 잊지 말고 기다려주시오" 하며 뻔하디뻔한 말을 했다.

—「우쓰세미空蟬」, 『겐지 이야기』

후지쓰보 님은 몸이 좋지 않아 궁을 나가 사가에 머무르셨다. 황제께서 불안히 생각하시어 한탄하시는 기색을 안쓰럽게 보면서도, 이런 기회가 또 올런가 싶어 어디에도 나가지 않았다. 궁궐에 있어도 저택에 있어도 낮에는 상념에 젖어 지내고 날이 저물면 궁녀 왕명부를 찾아 돌아다니셨다. 어떤 수를 썼는지 무리한 상황에서 만나고 있는 동안에도 현실이라 생각되지 않는 것은 괴로운 일이라.

후지쓰보 님도 지난 황망한 일을 떠올릴 때마다 평생 잊지 못할 번민이므로 이제 그만하자고 깊이 다짐하였으나, 너무나 한심하고 너무나 힘들면서도 다정하고 사랑스러운 모습이며, 그렇다고 허물없는 것도 아니고 그윽하고 수줍게 반응하는 몸짓이 여느 여성과는 다르심에, 어찌 사소한 결점조차 없는 것인가 하며 괴로워하기까지 하시었다.

—「와카무라사키若紫」, 『겐지 이야기』

逐吹潛開 不待芳菲之候 迎春乍變 將希雨露之恩

불어온 바람에 남모르게 피우네, 꽃피는 계절을 기다리지 않으리, 새봄을 맞으면 그제야 화알짝, 봄비와 이슬의 은총 한껏 받으리

池凍東頭風度解 窓梅北面雪封寒

연못에 버티던 얼음도 동풍이 불어 녹건만, 창밖 매화는 북쪽 눈에 막혀 추워라

―아쓰시게篤茂,「입춘일내 원진화부立日内園進花賦」,『화한랑영집』

산문과 운문

 서양 문학사는 운문에서 시작되었다. 그리스에서 산문이 발생한 것은 역사 문학이 나온 뒤의 일이고, 그 이전에는 서사시, 희곡, 서정시 모두 운문으로 쓰였다.
 일본 문학에서도 『만엽집万葉集』과 같은 큰 시집이 옛 시대에 나왔는데, 그전의 『고사기古事記』는 이야기꾼, 즉 가타리베語部가 이야기를 말로 전한 문장이어서 군데군데 운율적인 부분이 있기는 하지만 전체적으로는 운문이라 할 수는 없다. 일본어의 특질 때문에 운문과 산문으로 종류를 명확히 구분하는 것이 불가능하다. 왜냐하면 일본어에는 두운과 비슷한 것을 붙이기가 어렵고 각운도 없다. 그러나 『만엽집』에는 고대인의 장난으로 두운적인 요소가 몇 차례 시도되었다.

「지토 천황이 시이志斐 할멈에게 보내는 노래」

싫다 하여도 시이가 억지로 이야기를 들려주더니 요즘은 듣지 못해 내가 그리워하노라

「시이 할멈의 답가」

싫다 하여도 이야기해달라 조르시더니 억지로 이야기를 들려주었다 하시나

—『만엽집』 236-7

역시 엄밀히 두운은 아니지만, 앞 수식어인 마쿠라코토바枕詞를 사용해 두운적 효과를 낸 것도 많다.

은행 열매* 같으신 아버님
참나무 잎 같으신 어머님
어찌 되는대로
자식을 키우셨으리

—『만엽집』 4164

호메로스도 '빛나는 눈의 여신 아테네'라는 식으로 일종

---

* 은행 열매(ちちのみ)와 아버지(ちち)의 발음이 비슷해 아버지라는 말 앞에 습관적으로 붙었다. 참나무 잎(ははそば)도 어머니(はは)라는 말 앞에 붙는다. 실제는 특별한 의미 없이 운율을 고르기 위해 쓰는데 여기서는 의미 그대로 번역했다.

의 앞 수식어를 운율을 맞추기 위해 사용한다. 동양과 서양이 같은 방식을 쓴다니 흥미롭다. 호메로스의 많은 영웅과 신들은 앞 수식어로 운율을 맞추면서 당당히 서사시 안에서 전진해 나간다. 그러나 일본어의 시는『만엽집』으로 대표되는 장가長歌 시대를 거치면서 단 31자만 남은 형태가 되었다. 그 이후에는 수입된 한시에 의지하는 수밖에 없었다. 이 5·7·5·7·7 글자들로 구성되는 31자의 법칙이 일본어에서 황금분할처럼 불변의 운율 법칙이 되어, 후의 전기물이 일종의 운문으로 쓰이게 되었을 때도 역시 7·5조와 비슷한 형식으로 쓰였다. 이렇게 7·5조나 5·7조는 오랫동안 가타리모노 문학의 전통이 되었고, 전기물에서부터 불교의 게송이나『조루리*12단 소설淨瑠璃十二段草子』을 효시로 하는 '고조루리古淨瑠璃' 시대로 접어들면서, 조루리의 전성시대 동안 일반 산문도 조루리를 모방한 문체로 쓰이게 되었다. 나아가 막부 말기에 이르면 모쿠아미黙阿弥의 작품으로 알 수 있듯이 희곡 분야에서도 7·5조의 대사가 완성되는데, 그 영향은 메이지 이후까지 이어져서 쓰보우치 쇼요의『오동나무 잎사귀桐一葉』나 셰익스피어 초기 번역에도 5·7조가 쓰였다. 이것을 순수한 운문이라 해야 할지 숙고할 필요가 있겠지만, 일본어의 특질을 생각할 때 일단 운문이라 보아도 될 것이다.

* 일본 에도 시대 때 샤미센 반주에 맞춰 읊는 이야기와 음곡을 이르는 말.

한편, 산문인 이야기체 소설은 와카의 머리말詞書에서 발달한 것이라고 한다. 즉, 시 앞에 붙인 산문 주석이 점점 발전해서 일기가 되고 이야기체 소설이 되었다는 것이 문학사의 통설이다. 헤이안 시대 문학은 '호색한'의 전통에서 태어났다고 일컬어지며, 연애 감정의 교환으로서 와카를 지어 서로 응수하는 과정에서 정념의 전문가가 형성되었고, 그 정념의 전문가들이 단순한 와카 형식으로 만족하지 못하게 되면서 서정시의 주석을 확장한 것이다. 그리고 이 주석의 확장이 일본의 산문을 발생시키는 과정은 그리스의 산문이 역사가와 같은 학자의 문장이나, 그리스에서 성행하던 아폴로기아(변명, 변론) 등의 연설에서부터 발전한 것과는 과정이 전혀 다르다. 일본의 산문은 운문과 그렇게 멀지 않은 서정적 기반에서 발생하여, 정념을 해설하고 정념을 묘사하고 정념을 구성하면서 발전했다. 한편 운문은 서정시의 형태에서부터 발전했으나, 궁정 생활의 종언과 함께 와카의 전통이 차차 쇠퇴해 가면서 전기물이나 다른 대중적 가타리모노의 형태로 계승되어 갔다. 그리고 다시 운문이 글을 모르는 대중의 언어가 되어, 산문의 전통은 궁정풍 감정생활의 유물이 되었다. 도쿠가와 시대에 의고문擬古文*이라 불렸던 것은 모두 어떤 의미에서 교양을 과시하는 속물적인 것이었다. 겐로쿠

---

* 옛 문장 투를 따라 쓴 글. 특히 에도 시대 중기부터 메이지 시대에 걸쳐 국학자들이 주로 헤이안 시대의 글을 모방하여 쓴 글을 말한다.

시대에 이하라 사이카쿠가 쓴 소설 문장에는 운문적 특질과 산문적 특질이 실로 분방하게 뒤섞여 있다. 그가 묘사한 산문적 세계, 즉 상인의 돈벌이와 인색함과 타산, 창녀의 심리적 줄다리기, 돈 후안의 난봉꾼 심리 같은 것을 묘사하는 글은 이미 헤이안 시대와 같은 투명한 산문으로는 쓸 수 없어졌고, 사이카쿠 특유의 색다르고 개성적인 리듬으로 산문인 동시에 운문이라는 야누스적이고 장식적인 문체의 결정체가 탄생했다.

　나 역시 근본적으로는 일본에서 산문과 운문을 엄밀히 구별할 필요가 없다고 생각한다. 외국 사상의 영향을 받은 근대문학가들은 산문 예술의 정신을 주창하고, 자연주의문학의 영향을 받은 작가들은 산문의 궁극적 목적과 자신들의 문학 이념을 조화시키려고 노력했으나, 여전히 일본어에는 오랜 산문, 운문 혼재의 역사가 그 특질 뒤에 깊이 드리워져 있다. 이것은 그토록 혁명적 변화였던 구어문의 발달 이후에도, 여전히 어딘지 모르게 지워지지 않는 흔적으로 남아 있다. 현대문학에서도 이즈미 교카泉鏡花의 글 속에는 명백한 운문적 문체의 전통이 있으며, 현대에 이러한 문체를 분명히 제시하고 있는 것이 이시카와 준石川淳일 것이다. 다니자키 준이치로谷崎潤一郞의 산문에도 가타리모노 같은 유장하고 리드미컬한 문체의 흐름이 드러나 있다.

　산문은 가장 실용적인 문장에 가까워서, 사물을 정확히

가리키고 명석하게 포착하며, 장식을 싫어하고, 사물을 사실적인 형태 그대로 꺼내어 보여주는 데 유용하다. 그러나 사실 일본어에는 그런 이상적이고 명석한 기법이 없다. 일본어의 특질은 사물을 가리키기보다는 사물이 풍기는 정서나 사물 주위에 떠도는 분위기를 끄집어내어 보여주는 것에 뛰어나다. 그리고 산문으로 쓰인 일본 소설에는 이러한 특질이 끝까지 따라다니면서, 어떤 면에서 그 산문적 특질을 감소시키면서도 오히려 문체를 풍부하게 하고 있다. 우리가 지금 7·5조의 문장을 따를 수는 없다. 그러나 7·5조의 문장이 가진 일본어 특유의 리듬은 우리 어딘가에 깃들어 있다. 예를 들어 경시청 앞에 세워진 팻말을 보자.

'부주의한 1초에 부상은 평생'

'라이트는 언제나 아래를 향해'

'자동차 핸들 손으로 잡지 말고 마음으로 잡아라'

또 선전 문구나 우리 주위에서 눈에 띄는 간단한 표어에도 여전히 7·5조의 형태가 남아 있다.

'재채기 한 번 할 때 루루 세 알만'

'아빠는 온천 하고 나는 스키장'

'유우라쿠초에서 우리 만나요'

얼마 전 한 외국인이 주최한 파티에 가서 어느 소설가한테 이렇게 물어본 일이 있다. 소설을 쓸 때, 인쇄상의 시각적인 효과를 생각한 적이 있냐고. 그는 단연코 없다고 했다. 우리 눈에는 Y라는 글자가 아래로 길게 뻗어 있거나, L이 위로 길게 뻗어 있어서, 영어 인쇄상의 효과에서 약간의 기복이나 굴곡이 있는 게 재미있어 보이는데, 외국인은 한 번도 그런 것에 주의를 기울인 적이 없는 모양이다. 그 대신 어떤 산문이든 외국 문장은 귀로 듣는 효과가 어느 정도 중요시되어야 한다. 물론 그것이 행진곡이나 왈츠같이 요란한 음악적 효과가 아니더라도, 드러나지 않는 운율이라고나 할까, 소리가 없는 곳에서부터 발생하는 조용한 리듬, 인간의 내적인 리듬이 감정에 나타나는 리듬은 철저히 중시되어야 한다. 그런데 상형문자가 없는 국민인 그들은 문장의 시각적 효과를 전혀 고려하지 않고 쓸 수 있는 것이다.

일단 상형문자를 알아버린 이상, 우리는 문장에서 시각적 효과와 청각적 효과를 동시에 생각하는 것이 거의 습성을 넘어 본능이 되어 있다. 예를 들면 이토 세이伊藤整가 『여성에 관한 12장』에서 한자를 빈번히 가타카나로 쓰는 기법을 창시했다. 한문을 가타카나로 쓰면 신기한 패러디 효과가 더해지는데, 우리가 가진 추상개념을 무시하는 효과가 있는 것이다. 소리는 동일해도 지금까지 근엄하게 늘어서 있던 한자가 평이한 가타카나가 되어 벌거벗은 형태로 노출됨으로써, 우리가 지금까지 신이라고 믿어 의심치 않았던 것이 벌거벗은 임금님이었다는 것을 알게 된 것처럼 추상개념의 거만함이 박탈된 해학적인 효과가 발생하는 것이다. 이토 세이가 그렇게 빈번히 한문을 가타카나로 쓰고 그것이 하나의 유행이 된 건 그에게는 성가신 일이고 우리 독자한테는 난감한 일이지만, 그에게 그것은 일종의 우상 파괴적인 효능이 있었다. 그러나 상형문자에 익숙한 우리는 그것이 가타카나로 바뀜으로써, 시각적 효과는 상당히 달라지지만 여전히 원래 한자를 머리로 환기하며 읽는다. 가나문자회* 사람들이 주장하듯이, 한자의 의미, 내용 전부를 가타카나로 표기한다면 의미를 거의 유추할 수 없게 될 것이다.

한자 때문에 적어도 우리는 시각적 아름다움이라는 골치 아픈 걸 배웠다. 그와 동시에 가나 문장, 여성 문자로 쓰인 글이 가지고 있던 투명한 정념의 연속이라는 걸 잃었다. 이건 우리의 역사적 운명이며, 다니자키 준이치로가 『장님 이야기』에서 시도한 것처럼 히라가나만으로 현대 소설의 문체를 만드는 것 역시 그저 불가능하고 복고적인 시도에 불과하다.

> 기원정사祇園精舍의 종소리에 제행무상諸行無常의 울림이 있고, 두 그루 사라수의 꽃 색은 성자필쇠盛者必衰의 이치를 드러낸다. 교만한 자 오래가지 못하니 그저 봄밤의 꿈과 같다. 용맹한 사람도 죽는다. 그저 바람 앞의 먼지와 같아라.
>
> ―『헤이케 이야기』

---

* 가타카나를 적극적으로 사용하자는 주장을 하며 1920년에 설립된 학회.

이승의 미련. 이 밤도 미련. 죽으러 가는 몸은 마치 묘지까지 가는 길에 내린 서리 같아라. 한 발 밟을 때마다 사라져간다. 꿈속의 꿈이야말로 서글퍼라. 세어 보니 새벽을 알리는 일곱 번 종소리 중 여섯까지 울리는데, 나머지 하나가 이승에서 듣는 마지막 종소리로구나. 그 소리가 미혹의 세계를 떠나 평화로운 깨달음의 경지이리라. 종소리뿐 아니라 풀도 나무도 하늘도 마지막이라 생각하고 쳐다보니, 조용히 흐르는 강물 소리, 북두칠성이 비친 직녀성 견우성이 만나는 은하수. 우메다 다리를 은하수에 걸린 오작교라 여기며, 이 맹세를 언제까지나. 나와 그대는 부부별. 반드시 함께하자며 서로 기대네. 두 사람이 흘리는 눈물에 강물이 불어나네.

—지카마쓰 몬자에몬, 『소네자키 정사曾根崎心中』

    세상을 살다 보면 제대로 옷을 갖춰 입기도 힘들다. 사회생활을 하려고 매일 아침 하는 머리 손질도 신경이 쓰이는데, 은거 생활을 하면 편하다. 한때는 오토코야마에 살았으나 야와타의 시바노자라는 곳에서 편안한 삶에 빠져 지낸다. 저택 동쪽 창고에 삼십만 냥의 금화가 쌓여 있고, 서쪽 은화 창고에는 춘화가 그려진 맹장지가 그득하고, 교토에서 아름다운 여인들을 불러 모았으니 누구도 부럽지 않았다. 어느 때는 알몸 씨름을 시키고, 속이 훤히 비치는 속옷만 입혀 흰 살과 검은 부분까지 드러나게 하니, 흥청거림이란 바로 이런 것이다. 이 사람은 와카사의 오하마 사람이다. 북쪽 지방 선착장 부근의 여자들과 쓰루가의 유녀들을 모두 섭렵한 후에 지금 교토 근처에 와서 살고 있다.

  요노스케는 부모에게 절연을 당하고 의지할 데 없이 구걸 타령을 하며 돌아다녔는데, 가타노, 히라카타, 구즈하를 돌아다니다가, 하시모토에 도착했다. 그곳에는 야마토의 원숭이 곡예, 니시노미야의 에비스 인형극, 히구라시의 염불극 하는 이들이 모이는 숙소가 있었는데, 같은 굴속에 모인 여우들처럼 정체를 속이는 자들로 가득했다.

—이하라 사이카쿠, 『호색일대남』

문장 미학의 역사적 변천

 후타바테이 시메이二葉亭四迷를 기점으로 일본의 문장은 혁명적인 변화를 거쳤다. 이전까지의 문학은 모두 고전문학이 되어버렸다. 메이지 시대의 작가라도 히구치 이치요樋口一葉의 『키재기たけくらべ』나 오자키 고요尾崎紅葉의 구어체 이전의 문장으로 쓰인 『금색야차金色夜叉』 등은 이미 현대 독자에게는 낯선 언어로밖에 생각되지 않는다. 시에서도 서양의 근대시가 수입되었지만, 얼마 전까지도 노인들은 시라고 하면 한시를 가리킨다고 생각했다. 전위적인 현대 시인이 노인에게 시를 짓는 일을 한다고 했다가 한시 휘호를 써달라는 부탁을 받고 난처했다는 식의 일화가 여전히 여기저기에서 들려온다. 그러나 시에서도 가와지 류코川路柳虹를 기점으로 구어체 시가 발

달하면서 이전까지의 고전적 미학은 완전히 뒤로 내팽개쳐졌다. 물론 그 후에도 사토 하루오佐藤春夫나 미요시 다쓰지三好達治처럼 고어를 자유로이 구사하는 시인이 나타나기도 했다.

현대 구어문이 어떻게 발생했는지는 여러 전문가의 책을 통해 충분히 살펴볼 수 있는데, 번역문이 현대 구어문에 영향을 주고 다시 현대 구어문이 번역문에 영향을 주었다는 사실은 의심의 여지가 없는 사실이다. 이전까지 번역문은 무리해서라도 의고체로 번역되고 있었다. 예를 들면 모리 오가이森鷗外가 번역한 『즉흥시인即興詩人』은 명문으로 알려져 있다.

> 이곳은 내 마음의 고향일지니, 이 색채와 이 형상은 이탈리아의 산하뿐이라. 내가 지난날 찾았던 땅에 온 즐거움을 그대도 알아주기 바라오.
>
> ─안데르센, 『즉흥시인』, 모리 오가이 번역

아주 고상한 문장이다. 이런 고상한 의고체 문장에서 독자는 충분히 일본의 풍토나 사회환경과는 다른 서양의 시물에 대한 이국정서를 충족시킬 수 있었다. 단순히 번역을 맛보기 위해서만 구어체 문장이 필요한 것은 아니다. 구어체 문장은 언어의 발달과 변화에 따라 글이 실용성에서 지나치게 멀어져, 글을 만드는 것과 실제 사회생활 사이에 괴리가 발생하기 시작하면서 자연스럽게 역사적으로 생성된 것이라고 할 수 있다. 일례로 우리가 옛날처럼 전통 의상만 입고 생활하다가는 물질문명의 조류를 타지 못할까 봐 볼품없다고 생각하면서도 서양식 옷으로 갈아입고 구두를 신고 사회생활과 속도를 맞춰 가야 하는 것처럼, 문장도 역시 격심한 시대와 사회의 변화에 대응하여 '어찌어찌 하오이다'라는 문장이 상투머리처럼 우습게 보이기 시작한 것과도 관계가 있다. 풍속은 우스워 보이면 끝난 것이며, 아름다움은 특이한 데서 시작해서 우스워지면 끝이다. 즉 신선한 미학의 발전기에 사람들은 그로테스크하고 불쾌한 인상을 받지만, 그것이 점점 일반화됨에 따라 평균적 미의 표준으로 보이고, 낡아짐에 따라 구태의연하고 우스워 보이게 된다.

말도 마찬가지다. 구어문의 발생기에는 분명 상당한 이질감을 느끼며 수용되었겠지만, 그와 동시에 산업혁명의 결과로 발명된 다양한 공업 제품이 도쿄 거리를 채우게 되면서 '어찌어찌 하오이다' 유의 문장은 전등이나 전차나 에디슨이 발명한 근대생활 필수품과 점점 어울리지 않게 되었다. 예를 들어 파리 거리에서는 18세기나 19세기의 고풍스러운 건물 안에 온갖 근대 설비가 그대로 들어 있지만, 일본처럼 목조건축물이 언제든지 부서지고, 언제든지 낡고, 언제든지 개축될 수 있는 곳에서, 말도 시대에 따라 완전히 개축할 수 있다고 생각한 것이다. 그리고 실제로 다시 구축되었다. 일본인이 개혁에 대해 경솔한 태도를 가진 건, 내 생각으로는 건

물 구조와 역사적 사물의 내구성이 없는 것과 크게 관련 있는 것 같다. 돌이나 철로 만든 역사적 사물은 내구력이 거의 무한하여 부수려 해도 부서지지 않고 그곳에 자리하고 있지만, 전쟁으로 잿더미가 되어버린 도쿄에서부터 새로운 목조 건축이 다시 차례로 지어졌듯이, 말 역시 언제든 다시 바로 세울 수 있다는 경솔한 생각이 어딘가에 잠재되어 있다. 이차세계대전 이후에 언어 개혁이라 불리던 한자 제한 제도*나 새 가나 표기처럼 법령 하나로 실시되는 개혁은 혁신에 대한 일본인의 경솔함을 잘 보여준다.

그러나 현대 구어체 문장의 혁신은 달랐다. 일본의 역사를 서양의 세계사와 잇는 것이며, 물질문명과 보조를 맞춰 일본의 언어를 개혁하려는 것이었다. 우리는 지금 그 혜택을 충분히 누리고 있다. 그 결과로 잃은 것도 결코 적지 않다. 그러나 문장은 시시각각 변화하는 것이라, 현대 구어체 문장조차 발생 당시에는 한문 같은 표현이나 메이지 시대 특유의 표현을 많이 고착시켜, 지금 보면 당시의 구어체 문장은 같은 구어체이면서도 마치 조개껍데기가 많이 붙은 폐선처럼 보이기도 한다. 말은 끊임없이 시대의 때를 묻히고 멸종되었다가 다시 태어나면서 발전해 가는 것이다.

여기서 구어체 문장을 말하면서, 일본 현대 문장에 가장

---

* 학습할 때 부담이 되거나 일상생활에서 사용하기 어려운 한자를 한자 사용 범위에서 제외하는 시책.

깊은 영향을 준 번역문에 대해 다루지 않을 수 없다. 여러분은 이차세계대전이 끝난 뒤 맥아더 초안을 직역한 영어 번역투 헌법을 기억할 것이다. 그것은 분명 일본어의 구어체처럼 쓰였지만, 실로 기괴하고 추악한 문장이며, 이것이 일본의 헌법이 되었다는 것에 점령당한 비애를 느낀 사람이 적지 않았을 것이다. 만일 메이지 시대에 일본이 점령되었더라면, 같은 번역이더라도 좀 더 유려한 미문으로 쓰였을 것이다.

우리는 오늘날 외국 문학과 외국 문화의 모든 개념 하나하나를 그대로 일본어로 옮길 수 있다는 환상을 품고 있다. 일본만큼 번역이 활발한 나라도 드물다. 왕성한 지적 호기심으로 세계 각국의 문학이 일본어로 옮겨지고 있는데, 이건 모두 메이지 문화 덕분이다. 앞에서도 서술했듯이 일본인은 서양의 추상개념을 말할 용어가 없어서 메이지 시대까지는 한문으로 대용하고 있었는데, 마침 서양 문화와 함께 서양의 추상개념이 들어오면서 지금까지 사용하던 한문을 새로이 조합하여 새로운 개념을 표현한 것이다. 지금 내가 사용하고 있는 개념이라는 말조차도 독일어 베그리프^{Begriff}의 번역어이다. 애매하게 이념이라고 쓰기도 하고 상념이라고 쓰기도 하면서, 한문 특유의 장식적인 바꿔 말하기, 바꿔 넣기에 의해 멋대로 원래의 개념에서 멀어져 갔다. 우리가 한문으로 번역한 외국어를 통해 얻은 것은 개념적 엄밀함보다는 그 개념을 자유로이 사용하는 일본적 유연성에 불과하다. 여기에서

개념의 혼란이 일어나고, 일본인의 사고에 독특한 관념적 혼란이 생긴 것이다.

번역문은 모두 이러한 영향으로 생겨났고, 외래어 하나하나의 개념이 한자 조합에 의해 이관될 수 있다는 신념에 따라 만들어졌는데, 이 신념은 점차로 강고해져서 우리는 스스로 번역 투 문장을 일본어로 쓰게 되었다. 이차세계대전 전에는 '그 사람의 문장은 번역 투다'라는 말은 욕이나 마찬가지였다. 그러나 전쟁 후에는 상황이 달라졌다. 번역 투 문장이 이제는 주류가 되어, 일본적인 문장은 오히려 드물어졌다. 그 이유는 한 번 번역된 개념이 당시에는 아직 고차원의 철학적 사고에 국한되어 사용되다가 점차 통속화되어 우리의 생활에서 수입된 개념을 따르기 시작했기 때문이다.

동시에 말은 점점 원래의 엄밀성을 잃고, 사람들은 이제 자신의 마음이라고 말하는 대신 자신의 감정이라고 하게 되었다. 그리고 '나는 저 사람을 알아'라고 하는 대신 '나는 저 사람을 인식했어'라고 하게 되었다. 서양에서 철학 용어는 특정 철학자가 만든 신조어를 제외하면, 모두 일상용어에서 발생하여 일상용어의 학문적 엄밀화가 이루어진 것으로, 일정 정의에 따라 그 용도를 한정해서 철학상의 학술 용어로 사용한 것이다. 그러나 일본에서는 반대로, 처음에 철학상의 학술 용어로 수입된 말의 개념이 서서히 애매해지고 확장되어 일상용어로 녹아든 것이다. 당시의 학술 용어는 칸트로 대표되는 독일 관념론의 철학 용어였고, 일본의 근대문화는 법률, 군사 모든 면에 독일 문화의 영향을 깊게 받아서, 한편에서는 독일 관념론의 번역어를 사용하면서, 다른 한편에서는 나니와부시浪花節*를 듣기도 하고 유행가를 부르기도 했다.

그런데 이차세계대전 후에는 특히 영미의 개념이 이를 대신했고, 다시 프랑스 문학 번역이 현저히 발달하면서 프랑스의 여러 개념이 자유로이 우리들의 생활 속으로 들어왔다. 이렇듯 국제적 개념이 뒤섞이며, 우리의 정신생활이나 감정생활은 엄청난 개념 과다 상태에 빠졌다. 그래서 소설을 비롯해 다른 문학에도 저절로 고개를 디밀어, 우리는 뭐가 번역 투이고 뭐가 일본 문장인지 서서히 구별할 수 없게 되었다. 가까운 예로 오에 겐자부로大江健三郎의 문장을 그대로 사르트르의 번역이라고 한들 누가 이상하게 생각할 것인가. 물론 사르트르와 오에의 문장은 발상에서도 자질에서도 다르다. 그는 그 용어들을 사르트르가 사용한 용어 개념에 가까워지도록 의식적으로 사용한다. 이차세계대전 전이라면 번역 투의 문장이라 생각되었겠지만, 이제 우리는 딱히 번역 투의 문장이라 느끼지 않는다. 오히려 번역 투의 문장이라는 평을 많이 받았던 것은 신감각파 시대 초기의 요코미쓰 리이치橫光利一의 문장이다.

* 샤미센 반주에 맞춰 주로 의리나 인정을 노래한 대중적인 창.

나폴레옹 보나파르트의 복부는 튀일리 전망대 위에서, 마침 뜬 무지개와 전투라도 하듯이 튀어나와 있었다. 그 장대한 복부의 꼭대기에서는 코르시카산 유리 단추가 파리 풍경을 일그러뜨리면서 왕비의 지문 때문에 희미하게 흐려져 있었다.

—요코미쓰 리이치, 『나폴레옹과 백선』

　이런 문장은 지금 여러분이 봐도, 분명히 번역 투의 문장이라 생각될 것이다. 물론 요코미쓰 리이치의 신감각파 시대의 글은 사람들이 생각하는 일본어 문장에 감각적 저항을 주는 게 목적이었다. 그런 문장을 통해 우리의 감각을 생기 있고 신선하게 하여 우리의 감각에 새로움을 더하고자 하는 것이 그들의 주장이었다. 그래서 그 문장은 '의도된 번역체'라 불려야 하며, 최근의 오에 겐자부로와 같은 거의 무의식적 번역체와는 구별해야 할 것이다. 즉 현재에는 번역 투 문장이 요코미쓰 리이치 시대와 달리, 사람의 감각에 저항을 주는 효과를 모두 상실해버렸다. 우리는 번역문의 범람으로 이미 어떤 신기한 일본어도 그렇게 신기하다고 생각하지 않기에 이르렀다. 그 가장 극단적인 예는 이시하라 신타로石原慎太郎가 쓴 『균열龜裂』의 문체인데, 여기서 일본어는 일단 완전히 해체되어 어순도 문법도 뿔뿔이 흩어져서 신기하고 괴기한 조합을 통해 이상한 효과를 내고 있다. 그러나 이시하라에게 불리한 점은 그 문장이 요코미쓰 리이치와 같이 의도

된 번역체의 형태로 사람의 감각에 자극을 주어 감각을 눈 뜨게 하는 효과가 현재는 거의 없다는 사실이다.

　도취의, 그 행위의 순간에 그가 느끼는 진실이, 결국은 한순간일 수밖에 없다는 것에 대한 초조감을, 같은 그 행위 중에 지워 없애는 걸 그는 무의식 속에 바라고도 있었다. 그리고 그는 갑자기 갖게 된 료코라는 여자의 육체를 통해, 문득, 왜인지 문득 그것이 가능하다는 예감에 휩싸이는 것이다.

—이시하라 신타로, 『균열』

문장을 맛보는 습관

　가부키歌舞伎를 보러 가면, 가끔 사무라이가 한가로운 모습으로 등장해서 책상에 책을 놓고 "어디 책을 읽어 볼까"라며 책을 읽기 시작한다.

　우리가 이런 식으로 책을 읽는 일은 거의 없다. 옛날에는 우리가 사전을 베개 삼아 베거나 엉덩이에 깔면 부모님께 야단을 맞았는데, 이제는 그런 일에 야단을 칠 부모는 없을 것이다. 이즈미 교카는 아주 사소한 글자가 쓰여 있는 신문지 조각이라도 무릇 글자가 쓰여 있는 건 함부로 취급하지 않았다고 했는데, 요즘 같은 매스 커뮤니케이션 시대에 그렇게 문자를 소중히 하다가는 감당할 수 없을 것이다. 주간지는 읽은 후 버려질 운명이라, 서너 개 역을 통과하는 통근 전차에서 구석부터 구석까지 눈으로 훑고 나면 선반에 남겨진다. 필연적으로 이런 추세는 점점 더 심해질 것이다. 언젠가 나는 외국의 공항 로비에서 커다란 『라이프』 잡지가 의자 위에 놓여 있는 것을 분실물이라 여겨 사람을 불러 세운 적이 있다. 그러자 일어서서 가던 사람은 버린 것이라 했다. 『라이프』처럼 아트지로 만든 큰 판형의 근사한 잡지는 일본에서는 아직 소중히 다룰 테지만, 미국에서는 주간지와 같이 취급하며 휙휙 넘겨 보고 금세 버려지는 운명이다.

이런 시대에 문장을 맛보는 습관이 점점 적어지는 건 당연하다고 하겠다. 그러나 옛사람들은 소설을 맛볼 때 먼저 문장을 맛보았다. 오늘날 소설 독자는 마치 자동차를 타고 교외로 나들이하는 것처럼 목적지만 중요할 뿐, 주위의 경치나 길가의 풀꽃이나 조그만 시내의 다리에서 낚시하는 아이의 모습 같은 것에는 눈길도 주지 않고, 눈길을 준다 해도 한순간에 지나쳐버린다. 그러나 옛사람은 책 속을 천천히 자기 발로 걸었다. 교통기관이 없는 시대였으니 당연한 이야기다. 걸으면 걷는 대로 여러 가지가 눈길을 끈다. 걷는 일 자체는 지루할 수 있지만, 눈에 비치는 것 하나하나를 즐기고 맛보면 걷는 일에 기쁨을 더해준다. 나는 이 『문장독본』에서 먼저 소리 높여 여러분에게 문학작품 속을 천천히 걸어주었으면 좋겠다고 말하고 싶다. 물론 달리면 열 권을 읽을 수 있는데, 걸으면 한 권밖에 읽을 수 없을지도 모른다. 그러나 걷다 보면 열 권의 책에서 얻지 못하는 걸 한 권의 책에서 얻을 수 있다. 소설은 그 속에서 자동차로 드라이브하면, 주제와 줄거리가 전개된 궤적에 불과하다. 그러나 걸어갈 때 이것들은 말로 짠 직물이라는 것을 분명히 드러낸다. 즉 생울타리로 보였던 것, 먼 산으로 보였던 것, 꽃이 핀 절벽으로 보였던 것들은 그저 경치가 아니라, 사실은 전부 하나하나 말로 짠 천이었음을 알 수 있다. 옛사람은 그 짜인 모양을 즐겼다. 소설가는 직물의 아름다움으로 사람들을 기쁘게 하는 것을 자신의 장인적 기쁨으로 삼았다.

그러나 현대에는 문장을 맛본다기보다는 소설을 맛본다고 사람들은 말한다. 작가의 문장이 좋다는 말은 거의 들리지 않고, 작가의 소설이 재미있다고들 한다. 그러나 누가 뭐래도 문장은 소설의 유일한 실체이며, 말은 소설의 유일한 재료이다. 여러분은 그림을 볼 때 색채를 보지 않는가. 그런데 말은 소설의 색채이다. 여러분은 음악을 들을 때 소리를 듣지 않는가. 그런데 말은 소설의 악보이다. 앞에서도 자주 반복했듯이 문장을 맛보는 습관은 사람들 사이에서는 오랫동안 귀로 맛보는 습관이 들어 있었다. 그러다 다시 귀족 사이에서는 눈으로 맛보는 습관이 들었다. 눈이든 귀든 일본 고전에는 맛보기 위한 문장이 대단히 많다. 이른바 미문이라 불리는 것들이 대표적인데, 내용은 아무래도 상관없이 그저 맛보기 위해 만들어진, 마치 보고 즐기기 위한 아름다운 일본 요리 같은 것이다. 우리는 뭐든 영양분이 있는 것만 섭취하려는 시대에 태어났기에 눈으로 보는 아름다움은 거의 생각하지 않는데, 문장이라는 것은 맛을 보면 맛있고, 더구나 영양까지 있는 게 가장 좋은 문장이라고 할 수 있을 것이다. 문장의 맛은 물에서 위스키까지 다양하다. 또 유부에서 비프스테이크까지 다양하다. 그중 어떤 맛이 최상이라고 말하려는 게 아니다. 다만 문장의 맛에는 알기 쉬운 맛도 있고, 충분히 혀를 훈련해야 알 수 있는 맛도 있다. 앞으로 나는 많은 예문을 들면서 각각의 문장의 맛을 설명할까 하는데, 일본어를 아무리 잘하는 서양인이라도, 모리 오가이나 시가 나오야의 문장을 이해하기 어려운 것은 그것이 매우 미묘한 맛, 물과 비슷한 맛을 갖고 있기 때문이다. 물론 물과 비슷한 맛은 미식가가 가장 마지막에 음미하는 것이지만, 짙은 포도주나 위스키와 비슷한 맛, 일례로 다니자키 준이치로의 문장의 맛도 버릴 수가 없는 것이다.

우리는 이제 공상적인 장식만 가득한 문장을 보고 아름답다고는 하지 않는다. 그러나 그렇다고 해서 관청에서 쓰는 통지문 같은 문장도 아름답다고는 하지 않는다. 장식이 없으며, 더구나 관청의 통지문은 아닌 것, 그런 문장의 맛은 어떻게 보면 그것을 맛보는 쪽도 진화했다고 할 수 있을 것이다. 그러나 그러한 문장의 맛은 미묘한 것을 추구하면 추구할수록 일반 대중의 문장의 취향과 앞에서 서술한 독서가 선호하는 문장이 점점 멀어지는 것은 어쩔 수 없는 일이며, 여기에 예를 들지는 않겠지만, 대중이 애호하고, 어쩌면 열광하고 있는 작가들의 문장에 실로 수많은 천박한 악문惡文을 찾아낼 수가 있다. 그와 비교하면 지카마쓰나 사이카쿠에게 갈채를 보낸 시대의 대중들은 훨씬 섬세한 혀를 가졌다고 해야 할 것이다. 문장의 아름다움을 평균 수준에서 말하자면 지카마쓰와 같은 장식적 문장이 지금은 낡고 무의미해졌다고 하지만, 그런 문장을 선호했던 시대가 적어도 문장을 맛보는 습관과 그 기쁨을 더 깊이 인식하고 있었다고 말할 수 있다.

이제 우리에게는 문장의 디테일을 좋아하는 습관이 거의 사라졌다. 나는 다이쇼大正 중엽에 나온『문장사전』이라는 낡은 사전을 갖고 있다. 문학청년과 문학 애독자를 위해 만들어진 사전인데, 다양한 인물묘사와 풍경묘사가 훌륭한 비유 예문들로 많이 실려 있고 게다가 일일이 주석까지 달려 있어 '이 얼마나 절묘한 표현인가'라며 편찬자가 찬탄할 정도이다.『문장사전』의 예문 대부분이, 그중에서도 명문이라 불리는 것이 비유에 기반하고 있는 건 오늘날의 시각으로는 놀랍기 그지없다. 비유와 형용사는 문장의 왕좌에서 물러나고 말았다. 문장을 마치 분재 식물처럼 교묘하게 접기도 하고 휘기도 하는 기술의 위상은 대부분 땅에 떨어져버렸다. 그건 그 나름대로 좋은 일이지만, 여기서도 일본 문학의 이상하고 편협한 특질이 드러난다. 서양 현대문학에서는 일례로 프루스트 같은 소설가도 클로델 같은 시인도, 지로두 같은 극작가도, 또 스페인의 가르시아 로르카 같은 시인 겸 극작가도, 비유를 남용하면서도 문학적 특색을 갖고 있다. 이 역시 중세의 문학 전통이 현대문학에 생생히 살아남아 있다는 증거이기도 하다.

그러나 일본에는 한편으로 한문 문장의 영향에서 오는 극도로 압축되고 극도로 간결한 표현, 역시 하이쿠의 전통에서 오는 첨예한 정서의 재단, 이러한 전통이 현대문학에도 살아 있어서, 우리의 아름다운 문장에는 굉장히 현대적으로 보이면서도 역시 한문적 간결함이나 하이쿠적 밀도를 가진 문장이 적지 않다. 결국 글을 맛본다는 건 오랜 언어의 전통을 맛보는 일이다. 그리고 문장의 모든 현대와 미래의 모습 속에서도, 문장의 오랜 뿌리를 찾게 된다. 그러므로 문장을 맛보는 일은 우리의 역사를 인식하는 일이 되는 것이다.

제3장
소설 문장

두 종류의 본보기

　요리의 맛을 알려면 먼저 좋은 요리를 많이 먹어볼 필요가 있다고 한다. 또 술맛을 알려면 최상의 술을 마셔야 한다. 좋은 그림 감정가가 되려면 최상의 그림을 봐야 한다. 이것은 무릇 취미라는 것의 공통된 전제이며, 알든 모르든 먼저 최상의 것을 통해 감각을 충분히 갈고닦으면, 나쁜 것에 대한 판단력을 얻을 수 있게 되는 모양이다. 그래서 나는 우선 두 종류의 상당히 대조적인 문장을 제시할 생각이다. 하나는 모리 오가이의 「한산습득寒山拾得」의 한 구절이고, 다른 하나는 이즈미 교카의 『니혼바시日本橋』의 한 구절이다.

　료는 하녀를 불러 물을 새로 길어 사발에 담아 오라 명했다.

물이 왔다. 스님은 그것을 받아 들어 가슴까지 올리고 가만히 료를 응시했다. 청정한 물이라도 되고 불결한 물이라도 된다. 따뜻한 물이나 차라도 괜찮은 것이다. 불결한 물이 아니었던 것은 료에게는 우연한 행운이었다. 잠시 응시하고 있는 동안에 료는 저도 모르게 승려가 들고 있는 물에 정신을 집중했다.

—모리 오가이,「한산습득」

"손님은 먹어도 된대."
"뭘?"
"그 사탕 말이야."

아홉이나 열 살, 나이 많은 아이가 열한두 살쯤 되는 개구쟁이 일고여덟 명이 보인다. 날이 길어진 봄날에 선하품을 하듯 자리한 네거리 사탕가게 앞에, 밀어치기 놀이를 하듯 모여 있다. 손에 손에 다홍색이며 연두색이며 보라색으로 칠한 소라고둥 팽이를 들고 있다. 이곳은 번화한 니혼바시에서 길 하나만 건너면 될 만큼 가까운 뒷골목이다. 물을 뿌린 흔적도 꿈인 양 하얗게 말라서 엷은 아지랑이가 이는 한가로움에, 채색한 소라고둥은 하나하나가 달콤한 벌, 향기로운 나비가 되어 춤추는 듯한데, 붕붕거리는 소리는 마치 등에 같아서, 하나같이 시끄럽기만 하다.

이 소리가 맑은 귓가며 호리호리한 가슴 주위를 날아다녀, 햇살 아래서 난처한 듯 멈춰 서는 꽃이 있다.

한창 흐드러지게 핀 모란 같아야 할 나이인데, 흐트러진 올림머리가 쓸쓸한 그림자를 드리우고 있다…. 크게 지은 옷의 어깨를 줄였다가 원래 길이로 늘인 듯하다. 거친 비백 무늬를 넣은 검은 공단 깃이 달린 고급 줄무늬 옷을 홑겹 입었는데, 옷은 몸집이 커 보일 정도로 폭이 넓다. 여기에 화려하게 염색한 앞치마에 같은 천으로 된 푸른 띠를 두르고, 그것을 심홍색 홀치기 염색한 천으로 묶었다. 게이샤처럼 보이는데, 바로 근처에 사는지 양산도 쓰지 않고 사랑스러운 맨발에 뒤축 없는 신발을 신고, 주홍색과 연두색으로 날개를 칠한 새 모양 사탕과 토막 낸 가래엿을 담은 종이봉투를 양손에 든 모습이 순진한 소녀 같기만 하다. 포렴이 걸려 있지 않은 단골 주인장의 가게에서 살짝 몸을 숙이고 걸어 나오다, 우르르 몰려든 개구쟁이들 때문에 옷자락을 신경 쓰며 걷던 발길도 멈춰버린 것이다.

—이즈미 교카, 『니혼바시』

인용한 「한산습득」에서는 어느 지방 장관 료에게 미스터리한 승려 하나가 찾아와서, 류마티스성 두통에 시달리는 료를 낫게 해주겠다고 한다. 그리고 주술을 하기 위해 물이 필요하다고 하는 구절이다. 교카의 『니혼바시』는 이야기 도입부의 첫 구절이다.

「한산습득」은 단편소설이고, 『니혼바시』는 장편소설이다. 그 이외에도 두 글은 실로 대척점에 있어, 누가 읽더라도 일본 근대문학 중에서 가장 대표적으로 대조를 이루는 문장이라는 걸 알아차릴 것이다. 이 두 문장을 좋은 문장이라고 제시한 데는 이유가 있다. 오가이의 문장부터 먼저 살펴보면, 이 문장은 완전히 한문적 교양 위에 성립된 간결하고 청정한 문장으로 아무런 수식도 없다. 내가 특히 감탄하는 것은 '물이 왔다'라는 한마디이다. 이 '물이 왔다'라는 한마디는 한문과 완전히 같은 기법인데 '水来물이오다'라고 하는 표현과 같은 것이다. 오가이의 문장의 진정한 맛은 이런 부분인데, 만약 일반 역사소설 작가였다면, 료가 하녀에게 명해 막 길어 온 물을 사발에 담아 오라 명하고, 그 물이 도착한 시점에서 결코 '물이 왔다'고 쓰지 않을 것이다. 하물며 문학적 초보자는 절대로 이런 문장을 쓰지 못한다. 이렇게 현실을 잔혹하리만큼 냉정하게 재단해서, 군더더기를 모두 들어내고 더구나 별로 효과적으로 보이지 않으면서도 강한 효과를 내는 문장은 오가이 특유의 것이다. 가끔 상당한 멋쟁이가 아주 고급스러운 옷을 아무렇지 않게 소화해내며 남들에게 멋을 부렸다는 것을 보여주지 않지만, 자세히 보면 평상복처럼 무심하게 입은 옷이 대단히 고급스러운 명품 명주이거나 명품 무명이라는 걸 알 때가 있다. 말하자면 오가이의 글이 바로 그런 문장이라 초심자가 그 맛을 알기는 어렵다. '물이 왔다'라는 단 한마디에는 문장의 심오한 경지가 담겨 있는데, 만일 여러분이 흔한 대중소설을 펼쳐서 이런 부분을 읽으면 대개 다음과 같은 문장으로 쓰여 있을 것이다.

 '됴는 하녀를 불러 막 떠온 물을 그릇에 담아 오라고 명했다. 조금 지나자 하녀는 길고 긴 복도 끝에서도 눈에 띄는 붉은 띠를 가슴 높이에 두른 모습으로, 하녀들이 으레 그렇듯 콩콩거리는 발소리를 내면서 막 길은 물을 그릇에 담아 들고 걸어왔다. 그 물은 하녀의 가슴께에서 찰랑찰랑 흔들리고, 정원의 녹음을 반짝반짝 반사하고 있었을 것이다. 스님은 하녀에게 별로 관심을 보이지도 않은 채, 뭔가 불길한 징조가 느껴지는 눈빛으로 가만히 응시하고 있었던 것이었다.'

 나는 이렇게 악문의 견본을 써보았다. 즉 이런 문장은 오가이의 '물이 왔다'는 단 한마디와 달리, 현실의 상상, 심리, 작가의 자의적 해석, 독자에 대한 아첨, 성적인 간질거림 같은 여러 가지 요소로 너저분하게 덧칠되어 있다. 역사소설 작가가 고대의 정경을 그릴 때 현대의 감각을 가져오며 저지르는 흔한 실수다. 그들은 고대의 이야기의 엄청난 간결함을 견디지 못하고, 현대의 생활 감각으로 덕지덕지 칠해버린다. 묘사하면 할수록 고대 중국의 간결한 이야기의 산뜻한 윤곽은 무너지는데, 예를 들어 그 의상을 자세히 묘사하면 할수록 오히려 우리들의 감각으로부터 멀어져서 그림연극처럼 되어버린다. 다만 오가이가 아무런 묘사도 하지 않고 '물이 왔다'라고 할 때 거기에는 오랜 이야기가 가진 강인함과 일종의 명쾌함이 분명히 드러난다. 그러한 한문적인 간단

명료한 표현을 통해, 우리는 오히려 그 이야기가 말하는 세계와 바로 접촉한 것 같은 느낌이 드는 것이다.

물론 이건 오가이의 성격에 기인한 것인데, 현대 소설을 쓸 때도 오가이는 이러한 문장을 사용했다. 그는 애매한 것에 결코 만족할 수 없었다. 그리고 그의 정신은 막 길은 물을 넣은 사발이라는 대상을 눈앞에서 생생히 보고, 손에 들고 들여다보는 듯한 힘으로 보는 게 아니라면 볼 가치가 없다고 느꼈다. 그는 말을 그런 목적으로만 사용했고, 쓸데없는 상상으로 말을 더럽히면 작품에서 묘사하는 대상의 명확함이 상실된다는 것을 알았다. 사람들이 오가이에게 문장을 잘 쓰는 비법을 물어보면, 첫째도 명료성, 둘째도 명료성, 셋째도 명료성이라 대답했다고 한다. 바로 문장에 대한 작가의 결정적인 태도이다. 스탕달이 『나폴레옹 법전』을 본보기로 삼아 문장을 쓰며, 드물게 명료한 문체를 완성했다는 사실은 잘 알려져 있는데, 사실 가장 초보자가 묘사하기 어려운 문장, 혀로 맛보기에 가장 미묘한 맛을 가진 문장은 이러한 명료한 문장이다. 왜냐하면 무미건조함과 종이 한 장 차이이면서도, 심지어 무미건조함과 반대되는 성질을 가졌기 때문이다. 이러한 문장에 대해 허버트 리드Herbert Read는 이렇게 말했다. 호손의 문체에 관해 언급한 내용인데, '명료한 문장'에 대한 매우 명료한 정의라고 생각한다.

"좋은 문체의 비결은 명료한 사고라는 말을 종종 듣는다.

실제로 논리적인 정신은 나쁜 문장이 빠지기 쉬운 많은 함정을 반드시 피하기는 하지만, 산문 예술을 위해서는 다른 특질이 필요하다. 예를 들면 사고보다도 빠른 눈과 언어의 개성적 특질, 즉 그 울림, 크기, 역사에 대한 감각적 감수성이 필요하다. 그리고 또 다른 무엇, 정황의 전체성과 완전성의 지각을 의미하는 무엇인가가 존재한다. 그 결과 말이나 문장에 그치지 않고 이것들을 더욱 크고 더욱 접속된 통일체로 종합 편성할 수 있게 되는 것이다."

허버트 리드가 말하는 '정황의 전체성과 완전성의 지각을 의미하는 무엇'이야말로 오가이 문체의 비밀이며, 스탕달 문체의 비밀이다. 이러한 지각을 갖지 못한 사람이 명료한 문체를 지향하면 반드시 무미건조하고 맛없는 퍼석한 문체의 함정에 빠진다. 명료한 문체, 논리적 문체, 현상을 가리키는 아무런 수식이 없는 문체, 마치 물처럼 보이는 문체에 내재되어 있는 시에는, H_2O라는 화학방정식 그 자체처럼 무미건조해 보이면서도 실은 시의 궁극적 원소가 존재하는 것이다. 눈에 보이는 반짝반짝하는 시가 아니라 원소 차원으로까지 압축된 시이자 추출된 시이다. 그러므로 이러한 문체가 가진 진정한 매력이 바로 시이며, 허버트 리드가 말하는 '전체적 지각'이다. 또한 시인이 자주 말하는 '우주적 감각'과도 상통하는 것이리라.

다음으로 교카의 『니혼바시』의 문장을 살펴보면, 내가 오가이의 문장에서 감탄한 요소가 여기에는 하나도 없다. 더구나 내가 오가이의 문장을 나쁘게 고쳐 엄청난 악문으로 완성한 문장과의 유사점은 많이 확인된다. 내가 지금까지 오가이의 문장에 대해 서술한 내용은 모두 교카의 문장을 헐뜯기 위해 존재하는 것 같다. 그러나 사실은 그렇지가 않다. 이 문장은 오가이의 문장과 정반대 입장의 미학을 따르고 있으며, 그 미학을 극한까지 추구해서 교카는 내가 나쁘게 고쳤던 저 악문보다 아득히 먼 높은 곳에 도달해 있다. 거기에는 보기에도 화려한 색채의 범람이 있고, 자신의 감각으로 좇는 대상에 대한 성실한 추적이 있으며, 문장 전체는 하나의 사물을 확고하게 가리키는 대신 독자를 일종의 기분 좋은 순수지속*의 세계로 이끈다. 이 문체 속에 휩쓸린 독자는 하나하나의 사물을 명확히 구분하거나 손에 쥘 틈도 없이, 차례차례로 색채적 문체에 농락당하며, 어떤 이성의 도취 상태로 빠져든다. 내가 이성의 도취라고 표현한 것은 언어예술인 이상 우리는 말을 매개로 하여 감각에 빠져들 수밖에 없으므로 결국은 이성의 작용에 의지하고 있기 때문이기도 하지만 교카의 문체는 이러한 이성이, 이성 자체로서 다다를 수 있는 최고의 도취감을 준다고 해도 과언이 아니기 때문이다. 교카는 스스로 아름답다고 생각하는 것 이외에는 쳐다보지

---

* 베르그송의 철학에서 보통의 시간 개념과는 달리 직관에 의해 포착되는 진정한 시간 경험.

도 않았다. 교카에게 그곳에 하나의 물체가 있다는 것은 아무 의미도 없었다. 물이 담긴 사발이 존재해도 그게 낡고 더러운 사발이고 자신이 아름답다고 생각하지 않는다면 가차 없이 무시했다. 그리고 자신이 아름답다고 생각하는 것에만 감각을 집중시키고, 사상을 집중시킴으로써 허버트 리드의 말처럼 다른 경로를 더듬어 가 '전체적 지각'에 몰입한 것이다.

따라서 만일 오가이의 문장을 아폴론적 문장이라고 한다면, 교카의 문장은 디오니소스적 문장이라고 할 수 있을 것이다. 전통적으로 보자면 그것은 한문의 문장이라기보다는 일본 국문학의 문장, 에도 시대의 희문戱文,* 그리고 하이카이俳諧** 정신, 오히려 마쓰오 바쇼松尾芭蕉 전에 성행했던 담림풍談林風***의 하이카이 정신, 중세 이후 일본 문학에서 반복된 관념 연합****의 문체 등 모든 일본 문학의 관능적 전통이 꽃핀 것이기도 하다. 그 문장은 확실히 소설 문장이지만, 그가 추구한 건 성격도 사건도 아니고, 자신의 미적 감각에 대한 일종의 고백이었다. 교카의 문체는 여기에 모든 게 걸려 있으므로, 그걸 제거한 교카의 문체라는 건 존재할 수 없었다. 그러나 한편으로

---

*   에도 시대 후기에 유행한 통속소설.
** 에도 시대에 활발했던 일본 문학 형식으로 유희성을 높인 집단 문예.
*** 17세기 후반에 성행했던 하이카이 유파. 새로운 풍속이나 소재를 형식에 구애받지 않고 자유로이 표현했다.
**** 하나의 관념이 다른 관념을 불러일으키는 현상.

가장 좋지 않은 문체와도 역시 비슷하다. 앞에서 내가 만든 악문이 나쁜 이유는 작가가 자신의 감각을 끝까지 성실히 파고들지 않고, 독자에 대한 아첨과 적당한 리얼리즘과 적당한 상상력, 그리고 세상과 적당한 선에서 타협한 정신 위에 쓰였기 때문이며, 그래서 추악한 문장이 되는 것이다. 작가의 개성이 교카와 같이 최고도로 발휘되면 문장은 그 나름대로 완벽한 귀감이 된다.

앞 장에서 서술한 것처럼 마르셀 프루스트의 문체가 프랑스 문학의 고전적 전통을 크게 거스른 것처럼 보이지만, 그럼에도 프랑스 문학의 대표적 문체가 되어 승리를 차지한 것과 비슷한 흐름으로 보일 수도 있다. 그러나 교카는 일본에서는 일종의 전통적 문체이며 오가이 역시 또 다른 전통인 한문의 전통을 따르고 있다. 내가 이 둘을 첫머리에 인용한 것은 앞에서 다룬 남성의 문자와 여성의 문자의 전통, 논리 세계와 정념 세계의 대립이 같은 근대문학에서 아주 첨예한 형태로 마주하고 있음을 보여주고 싶었기 때문이다. 다른 작가의 문체는 모두 이 둘의 양극 사이에 각각의 별자리처럼 자리하고 있으며, 그 사이에는 다양한 절충주의도 있고 변종도 있다.

또 다른 관점으로 보면 오가이의 문장은 단편소설의 문장이며, 교카의 문장은 장편소설의 문장이다. 오가이는 평생토록 대장편소설을 쓰지 않았다. 매우 지적이고 명석한 사람은 대작을 쓰지 못하는 게 아닐까 의심되는 면이 있다. 폴 발레리도 여러 권 이어지는 대작이 없고, 오가이도 마찬가지다. 만일 세계가 그의 뇌리 속에서 매우 명석하게 간결한 형태로 압축되어 있다면, 지면을 다 쓰는 건 낭비이며 말 자체가 낭비이다. 선종에서 말하는 불립문자不立文字까지는 아니더라도, 오가이의 매우 절제된 문체, 중국 옛사람의 말처럼 '말 아끼기를 돈 아끼듯 하라'는 방식으로 쓴 문체는 유유히 지속하기에 적합하지 않다. 오가이의 작품 중 가장 긴 편에 속하는 『시부에 주사이澁江抽齋』 역시 간결한 문체로 쓰였고, 겨우 장편이라고 할 만한 분량의 작품이다. 작품은 최대로 응축되어 인생의 굴곡이 최대로 압축된 채로 채워져 있어서, 일반 독자에게는 마치 진한 농축액을 마시는 것처럼 쓰다. 그러나 『시부에 주사이』의 단 한 줄을 물에 넣으면, 진한 농축액이 금세 물에 퍼져 입에 잘 맞는 부드러운 음료가 되듯이, 누구의 입에도 맞는 맛있는 음료가 될 것이다. 그러나 그렇게 흐려진 오가이는 이미 오가이가 아니다. 그러므로 오가이의 문장은 어디까지나 완벽한 간결함에 바탕을 둔 단편소설과 수품을 위한 문체였다. 시가 나오야의 문체도 비슷한데 그가 쓴 진정한 장편소설은 『암야행로暗夜行路』 정도로 그것도 고심에 고심을 거듭하며 집필에 오랜 세월이 걸렸다.

그에 비하면 이즈미 교카의 문체는 장편소설에 굉장히 적합한 문체이다. 지속적인 흐름으로 주위에 꽃잎을 수놓듯이 화려한 색채로 전진하는 행렬을 떠올리게 한다. 거기에서 작가는 독자와 마찬가지로 자신의 문장의 흐름에 몸을 맡기고, 살짝 취한 기분으로 전진하는 듯이 보인다. 교카의 이야기는 사상적 주제도 없고 지적인 개성도 없지만, 확고한 이야기의 세계를 길게 펼칠 수 있었다. 이런 문체는 다니자키 준이치로의 문체와 어떤 의미로는 비슷한데, 그의 문체는 교카에 비하면 훨씬 사실적 문체에 가깝고, 문학적 전통으로 봐도 헤이안 왕조 시대 문학의 영향을 받아 유장한 감정의 흐름을 서술하면서 동시에 광대한 사실적 세계를 재현하는 데에 뛰어난데, 그 단적인 예가 잘 알려진 대작 『세설細雪』일 것이다.

•
단편소설의 문장

　일본 단편소설은 세계적으로도 특수하다. 물론 거기에는 에드거 앨런 포의 지적 단편소설의 전통과 기 드 모파상 같은 사실적 단편소설의 전통도 이입되어 수용되었는데, 앞에서도 일본 문학의 특질로 언급했듯이 산문과 운문이 명확한 장르로 구분되지 않음으로써 근대 단편소설 형성에서 두드러진 특징을 갖게 되었다. 유럽 근대 시인들이 시로 표현한 것을 일본 현대 작가는 단편소설로 표현한 것이다. 그래서 일본 최고의 단편 중에는 유럽의 산문시 형태에 가까운 것도 있다. 유럽의 콩트 같은, 이야기성이 무시된 채 작가가 시인으로서 본 심상 풍경이 명료하게 전개되기만 하고 끝나는 것도 있고, 가지이 모토지로梶井基次郎의 유명한 단편「레몬」처럼 단 하나의 레몬이 독자의 눈앞에 내던져진 것처럼 선명한 감각적 인상만 주고 끝나는 것도 있다.

서양에서 단편소설을 구분해둔 걸 보면, 장편소설 즉 로망roman 혹은 노벨과 대비되는 개념으로 노벨레트novelette라는 형태도 있고, 쇼트 스토리라는 것도 있으며 프랑스에는 콩트도 있다. 영국 계열의 쇼트 스토리는 상당히 포괄적인 개념으로, 문학성과는 관계없이 매우 문학적인 단편소설부터 결말이 분명한 통속 단편소설까지 모두 포함된다. 프랑스의 콩트도 빌리에 드 릴라당A. Villiers de L'Isle-Adam처럼 철학적 단편집 『잔혹한 이야기Contes cruels』나 플로베르의 『세 가지 이야기Trois contes』 같은 순수한 예술적 단편부터 모파상의 많은 콩트까지, 대개 일관되고 단순한 줄거리를 가지고 있으며 마지막에 뻔한 결말이 있는 문학 형식이라는 인식이 있다. 이에 비해 노벨레트는 단편보다 긴 것, 장편적 구조를 지닌 단편이라는 정의가 적합할 것이다.

그러나 일본에서는 잡지 저널리즘의 영향도 있어서 단편소설은 독특한 예술적 수준을 지닌 문학 형식이라 인식되고 있었다. 일본인은 짧은 글에서 고도의 예술성을 추구하는 국민이라 단가나 하이쿠는 말할 필요도 없고 근대문학에 이르러서도 단편소설이라는 안성맞춤의 형식을 찾아냈고, 가장 높은 수준의 예술적 욕구를 발휘하는 동시에 높은 수준의 문학적 내용을 요구했다. 그 결과 단편소설이 서구의 시의 위상에 가까워진 것은 당연했다. 일본처럼 운율이 부족한 나라에서 시적 재능을 가진 작가가 현대 구어문으로 쓰는 근대시에 만족할 수 없어서 소설가가 단편소설에서 시적 결정체를 완성한 예도 적지 않다. 그러므로 일본에서 작가나 소설가라 불리는 사람 중에는 순수한 시인도 많다. 이들을 외국에서 소개할 경우 단순히 소설가라기보다 시인이라고 소개하는 편이 적절한 사람도 많다. 가와바타 야스나리, 호리 다쓰오, 가지이 모토지로가 대표적 작가라고 할 수 있겠다.

가와바타의 작품 중에서 『소리바시反橋』『늦가을비しぐれ』『스미요시住吉』로 이어지는 연작 세 편은 순전히 하나의 시이며, 중세풍의 시정 속에 희미하게 이야기가 짜여 들어가 있다. 작품을 읽을 때 우리가 받는 느낌은 소설을 읽는다기보다 시를 읽는 것에 가깝다.

어제도 가을이면 으레 그렇듯 아침에도 낮에도 줄곧 해 질 녘 같은 날씨더니 밤이 되자 가을비가 내렸는데, 아직 도쿄 근처에는 나뭇잎을 떨어뜨리는 가을비가 내릴 무렵이 아닌 줄 알면서도 나는 낙엽 소리가 섞여 있는 듯이 들리는 것만 같았습니다. 가을비는 나를 옛 일본의 슬픔 속으로 데려가기에 오히려 그 마음을 달래려고 가을비의 시인이라 불리는 소기宗祗의 시를 골라 읽는데, 그사이에도 역시 이따금 낙엽 소리가 들립니다. 낙엽이 지기에는 이르고 다시 생각해보니 서재 지붕으로 잎이 떨어지는 나무는 없습니다. 그럼 낙엽 소리는 환청일까요. 섬뜩한 느낌이 들어 가만히 귀를 기울여봐도 낙엽 소리는 들리지 않습니다. 그런데 멍하니 시를 읽자 다시 낙엽 소리가 들립니다. 나는 한기가 들었습니다. 낙엽 소리의 환청이 나의 오랜 과거로부터 들려오는 것 같았으니까요.

―가와바타 야스나리, 『늦가을비』

자연스러운 영탄詠嘆 속에 작가는 문장을 오가이처럼 사용하지도 또 교카처럼 사용하지도 않고 극도로 명료하게 사물을 지시하지도, 또 자신의 감각을 갖은 수식어로 꾸미지도 않고, 그저 담담히 정념의 흐름을 서술하면서 그 밑바닥에 깊은 서정적 슬픔과 섬뜩함을 감추고 있다. 가와바타가 이런 문체에 능통해진 것은 『설국』 이후의 일인데, 그의 문장이 점점 소설적이지 않게 되면서 점점 작품으로서는 걸작을 탄생시키는 신기한 경향을 보인다.

또 가지이 모토지로의 단편소설 「푸른 하늘蒼穹」에서 다음과 같은 구절을 살펴보겠다.

3월 중순 무렵에 나는 산을 뒤덮은 삼나무숲에서 산불 같은 연기가 나는 걸 자주 보았다. 햇살 좋고 바람이 불고 적절한 습도와 온도가 잘 맞는 날, 삼나무숲이 일제히 날리는 꽃가루 연기였다. 그러나 지금은 이미 수정을 마친 삼나무숲에는 갈색이

도는 차분함이 내렸다. 기체 같은 새싹으로 부옇게 흐려져 있던 느티나무나 졸참나무의 녹색에도 초여름다운 안정감이 있었다. 한창때에 이른 어린잎이 각각 그림자를 드리우고 있어 기체와 같은 꿈은 이미 없었다. 그저 골짜기에 무력무력 우거져 있는 모밀잣밤나무가 몇 번째인가 싹을 틔워 노란 가루를 바른 것처럼 변해 있었다.

―가지이 모토지로, 「푸른 하늘」

가지이는 시가 나오야의 영향을 받았지만 시가와 같은 현실에 대한 관심을 오히려 적극적으로 버리고, 시인적 측면을 강하게 내보이면서 작품 하나하나를 상징시와 같은 수준으로 높였다. 이 구절도 언뜻 보면 사실적 묘사 같지만 그의 예민한 신경이 느낀 내적 풍경이며, 실제로 성실히 미묘하게 관찰하고 있으면서도 관찰을 뛰어넘어 자연의 사물이 하나하나 상징적 색채를 띠며 표현되어 있다. 「푸른 하늘」은 독일 낭만주의 작가인 장 파울Jean Paul 같은 멋을 지닌 단편으로, '나'라는 인물이 드넓은 자연 풍경 속에서 구름이 끊임없이 생성되는 모습을 보다가 그 구름이 녹아 들어가는 푸른 하늘이 심연처럼 느껴지고 푸른 하늘 그 자체가 어둠처럼 보이기 시작하는 신기한 감각적 체험을 묘사하고 있는데, 이 작품에는 단순히 자연 묘사를 넘어 정신의 심연을 엿보게 하는 측면이 드러나 있다. 작품이 주는 효과라기보다 가지이 문체의 효과이며, 그는 일본 문학사에 감각적인 요소와 지적인 요소를 종합한 희소성 있는 시인적 문체를 창시했다.

> 그녀의 얼굴에는 고전적인 아름다움이 있었다. 장밋빛 피부는 조금 무거워 보였다. 그리고 웃을 때는 미소만이 감도는 듯했다. 그는 언제나 몰래 그녀를 '루벤스의 위작'이라 불렀다.
> 눈부신 듯 그녀를 응시했을 때 강한 신선함을 느꼈다. 지금까지 느낀 적이 없던 게 느껴지기 시작한 것 같았다. 그리고 그는 그녀의 치아만 보았다. 허리만 보았다. 그러는 동안에도 그는 병에 대해서는 조금도 말하려 하지 않았다.
> ―호리 다쓰오, 「루벤스의 위작」

호리 다쓰오의 글은 마치 모든 문장에 호리 다쓰오라는 낙관이 찍혀 있는 것처럼 누가 봐도 바로 알 수 있는 특징을 갖고 있다. 작가가 이토록 특징 있는 문체를 가졌다는 건 작품 세계가 좁아질 위험도 없지 않은데, 호리 다쓰오는 당당히 밀고 나가서 오래 병상에 있으면서도 자신의 예술적 세계를 끝까지 지켜낸 드문 작가이다. 그는 프랑스 문학을 즐겼고 프랑스 문학의 에스프리 누보 작가들의 영향으로 문학에 입문했다. 그의 문장은 일본 문학의 전통에서 완전히 멀어진 듯이 보이면서도 그가 말년에 경도되었던 왕조 여류일기의 문체보다 오히려 교카 같은 작가의 문체에 가깝다. 이 구절 하나로 알 수 있듯이 그는 자신의 마음에 든 것만을 다루고 스스로 아름답다고 생각한 것에만 붓을 집중하면서 자신의 마음에 든 말로만 아름다운 꽃바구니를 짠다.『나오코菜穗子』같은 장편을 쓰기는 했지만 역시 본질적으로 단편 작가였고, 그의 문장은 명료함으로 가장된 감각적 시였다. 굉장히 프랑스적인 명료함이 있는 것처럼 보이지만, 오가이처럼 '대상 자체'가 불쑥 드러나는 엄청난 강인함은 없다.

    그리고 하마터면 놓칠 뻔했는데 근대 일본의 가장 전형적 단편소설 작가라 불리는 아쿠타가와 류노스케芥川龍之介의 문장을 인용하겠다. 그런데 아쿠타가와는 단편 작가로서 문장보다도 일종의 단편소설이라는 형식의 완성자이자 서구적 개념인 콩트를 일본에 들여와서 완벽히 성공시킨 작가이다. 그의 문장은 오히려 그런 형식에서 비롯된 간결함을 지녔고, 그 간결함은 마음속 요구라기보다는 문학 장르에 결벽적이었던 그의 성격이 자연스레 필요로 한 것이었기에 학구적인 분위기를 갖고 있었다. 그러므로 그 문체에는 자신의 본연으로부터 나온 게 아닌 가식적인 느낌이 감돌고 있다. 아쿠타가와에게는 개성적인 문체가 거의 없었고, 오가이의 문체를 동경하면서 더욱이 근대 도시인의 섬세한 취향으로부터도 벗어날 수 없었다. 다만 그의 문체가 매우 세련미가 풍부하다는 건 단편「장군將軍」을 두세 줄만 읽어도 알 수 있을 것이다.

아버지와 아들은 한동안 어색한 침묵을 이어가고 있었다.

"시대가 변했구나."

소장少將은 겨우 덧붙였다.

"예, 뭐…."

청년은 이렇게 말을 하다가 살짝 창밖의 기척에 귀를 기울이는 듯한 눈빛이 되었다.

"비가 옵니다. 아버님."

"비가?"

소장은 발을 뻗은 채 신이 나서 말을 돌렸다.

"또 모과가 떨어지지 않아야 할 텐데요…."

—아쿠타가와 류노스케,「장군」

다음으로 모범적인 단편소설을 동양과 서양에서 한 작품씩 뽑았다. 비교해서 읽고 단편소설이 어떠한 것인가를 잘 맛보기 바란다.

여름 구두

가와바타 야스나리

　마차에 탄 할머니 다섯 명이 졸면서 올겨울은 귤이 풍년이라는 이야기를 나누고 있었다. 말은 바다 갈매기를 쫓기라도 하듯이 꼬리를 흔들며 달렸다.

　마부인 간조(勘三)는 말을 대단히 사랑했다. 게다가 8인승 마차를 가진 사람은 이 거리에서 간조 혼자뿐이다. 그리고 그는 언제나 자신의 마차를 거리를 달리는 마차 중에서 가장 깨끗하게 관리할 만큼 까탈스럽다. 비탈길로 접어들면 말을 위해 마부대에서 훌쩍 뛰어내린다. 훌쩍 내렸다가 올라타는 몸동작이 경쾌한 것에 내심 자부심이 있었다. 그는 마부대에 앉아 마차가 흔들리는 것만 보고도 아이가 마차 뒤에 매달린 걸 알아차리고 가볍게 훌쩍 뛰어내려 아이의 머리에 꿀밤을 먹인다. 그래서 아이들은 간조의 마차에 일등을 매기지만 역시 가장 두려워했다.

　그런데 오늘은 아무래도 아이가 잡히지 않았다. 원숭이처럼 마차 뒤에 매달린 아이를 현행범으로 잡을 수가 없는 것이다. 평소대로라면 고양이처럼 훌쩍 뛰어내려 마차를 지나친 다음 눈치채지 못하게 매달려 있는 아이에게로 가서 머리에 꿀밤을 먹이고, 득의양양하게 말했을 것이다.

　"요 녀석이!"

그는 다시 마부대에서 뛰어내려 보았다. 이번이 세 번째다. 열두세 살 먹은 소녀가 볼이 새빨갛게 상기된 채 터벅터벅 걷고 있다. 숨을 헐떡이면서 눈을 반짝이고 있다. 소녀는 분홍색 옷을 입고 있다. 양말이 발목 부근까지 다 흘러 내려와 있다. 그리고 구두는 신고 있지 않았다. 간조가 가만히 소녀를 노려본다. 소녀는 옆으로 펼쳐진 바다로 눈을 피하면서 열심히 마차를 쫓아온다.

"쳇!"

간조는 혀를 차고 마부대로 돌아갔다. 귀티가 나는 아름답고 낯선 소녀가 해안 별장에 왔나 싶어서 조심스러운데 세 번이나 뛰어내려도 붙잡지 못해 화가 난 것이다. 이 소녀는 벌써 십 리나 마차에 매달려 따라오는 것이다. 그게 화가 나서 간조는 그토록 사랑하는 말에게 채찍질까지 하며 달렸다.

마차가 작은 마을로 들어섰다. 간조는 소리 높여 나팔을 불며 더욱 달렸다. 뒤를 돌아보니 소녀가 가슴을 펴고 단발머리를 어깨에 흐트러뜨리면서 달리고 있다. 한쪽 양말은 손에 매달려 있다.

잠시 뒤 소녀가 마차에 달라붙은 모양이다. 간조가 마부대 뒤의 유리 너머로 돌아보니 쓱 몸을 움츠리는 기색이 느껴졌다. 그러나 간조가 네 번째로 뛰어내렸을 때는 이미 소녀가 마차에서 몸을 떼고 걷고 있다.

"얘야, 어디 가는 게냐?"

소녀는 고개를 숙인 채 잠자코 있다.

"항구까지 매달려서 갈 생각이냐."

역시 소녀는 잠자코 있다.

"항구냐?"

소녀가 끄덕였다.

"발 좀 봐라, 발을. 피가 나지 않니. 겁도 없는 아이로구나."

간조는 얼굴을 찌푸렸다.

"태우고 가 주마. 안에 탈 테냐? 거기에 매달리면 말이 무거우니까. 어서 안에 타라. 나는 얼간이가 되기 싫으니."

그렇게 말하며 마차 문을 열어주었다.

조금 있다가 간조가 마부대에서 돌아보니 소녀는 마차 문틈에 낀 옷자락을 빼려고 하지도 않고, 아까의 고집스러운 표정은 사라지고 부끄러워하며 얌전히 고개를 숙이고 있다.

그런데 거기에서부터 십 리 떨어진 항구에 갔다가 돌아오는데 어디서부터인지 모르게 아까 그 소녀가 또 마차를 쫓아오는 것이었다. 간조는 이제 순순히 마차 문을 열어주었다.

"아저씨, 안에 타는 건 싫어요. 안에 타기 싫어요."

"발에 피 좀 봐라, 피를. 양말이 빨갛게 됐잖니. 너도 참 대단하다."

마차는 십 리 길을 다시 천천히 달렸고 원래 왔던 마을이 가까워졌다.

"아저씨, 여기 내려주세요."

간조가 문득 길가를 보니 작은 구두 한 짝이 마른 풀 위에 하얗게 피어 있다.

"겨울에도 흰 구두를 신니?"

"여름에 여기 왔으니까요."

소녀는 구두를 신더니 뒤도 보지 않고 백로처럼 날아서 작은 산의 소년원으로 돌아갔다.

톨레도의 진주

프로스페르 메리메

　동쪽 하늘의 구름을 가르는 태양이 서쪽으로 저무는 석양보다 아름답다고 누가 내게 말할 수 있겠는가? 수많은 나무 중에서 올리브 나무와 아몬드 나무 어느 게 더 아름답다고 누가 내게 말할 수 있겠는가? 발렌시아 사람과 안달루시아 사람 중에 누가 더 강한지 누가 내게 말할 수 있겠는가? 여자 중에서 누가 가장 아름다운지, 누가 내게 말할 수 있을까? 나는 여자 중에서 누가 가장 아름다운지 그대에게 말하리. 그건 바로 바르가스의 오로라, 톨레도의 진주이다.

　흑인 투자니는 창을 가져오라 명했다. 방패를 가져오라 명했다. 창은 오른손에 쥐었다. 방패는 목에 걸었다. 마구간에 내려서서, 마흔 두의 암말을 한 마리 한 마리 살폈다.

　"베르자가 가장 튼튼하구나. 이 넓은 등에 톨레도의 진주를 태우고 돌아올 것이다. 그러지 못한다면 알라신께 맹세코 코르도바에서 두 번 다시 내 모습을 볼 수 없을 것이다."

　투자니는 채찍을 들었다. 말을 채찍질해 달렸다. 톨레도에 도착한다. 주카틴 부근에서 한 노인을 만난다.

　"백발의 노인이여, 이 편지를 돈 구티에레에게, 돈 구티에레 드 살다냐에게 전해주시오. 그가 사나이라면 알마미 샘가로 나와 결투를 하러 올 것이오. 톨레도의 진주는 우리 중 한 사람의 것이 되어야 하오."

 노인은 편지를 받아 들었다. 노인은 편지를 가지고 살다냐 백작에게로 갔다. 백작은 톨레도의 진주와 장기를 두고 있었다. 백작은 편지를 읽었다. 그는 결투장을 읽었다. 손으로 탁자를 세게 쳤다. 장기 말은 모조리 탁자에서 굴러떨어졌다. 백작은 일어섰다. 창을 가져오라고, 준마를 끌고 오라고 소리를 높였다. 진주도 일어섰다. 온몸이 부들부들 떨리고 있다. 그녀는 그가 결투하러 간다는 걸 알아차렸다.

 "구티에레 님, 돈 구티에레 드 살다냐, 가시면 아니 되어요. 제발 저와 장기를 더 두셔요!"

 "나는 더 이상 장기는 두지 않을 것이오. 알마미 샘가에서 창 싸움을 할 것이오."

 오로라의 눈물도 남자를 말릴 수는 없었다. 그 무엇도 결투하러 가는 기사를 막을 수는 없었다. 같이 가겠다며 톨레도의 진주도 망토를 걸쳤다. 그녀도 노새에 올라타고 알마미 샘가를 향해 채찍을 올렸다.

 샘가의 잔디는 붉게 물들어 있다. 샘물도 붉었다. 그러나 잔디를 붉게 물들이고 있는 건, 샘물을 붉게 물들이고 있는 건 기독교도의 피가 아니었다. 흑인 투자니는 위를 보고 쓰러져 있다. 돈 구티에레의 창이 그의 가슴에 박혀 꺾여 있었다. 온몸의 피가 조금씩 사라져간다. 암말 베르자는 눈물을 흘리며 그를 지켜보고 있다. 말은 주인의 상처를 낫게 할 수가 없다.

톨레도의 진주가 노새에서 내린다.

"기사여, 마음을 굳게 먹어요. 오래 살아남아 아름다운 무어 여인을 아내로 맞으셔야지요. 제 손은 저의 기사가 만든 상처를 낫게 할 수가 없습니다."

"오오, 새하얀 순백의 진주여, 오오, 아름답고 아름다운 진주여, 내 가슴에서 이 가슴을 찢은 창을 빼주시오. 강철의 차가움이 내 피를 얼어붙게 한다오."

그녀는 의심 없이 다가갔다. 그 순간 남자는 있는 힘을 짜내었다. 날 끝으로 그 아름답고 아름다운 얼굴에 칼자국을 남겼다.

—스기 도시오 번역

장편소설의 문장

일본에서는 유럽의 로망 같은 장편소설은 좀처럼 탄생하지 않았다. 앞에서 말했듯이 일본 문학의 남성의 문자와 여성의 문자의 구별에 기인한 것으로, 로망이야말로 남성의 논리 세계와 여성의 정념 세계의 대통합이며, 남성적 이념과 여성적 정념의 완전한 진테제*여야 하기 때문이다. 이 장의 첫 부분에서 인용한 것처럼 일본 작가는 편향되게 소설을 써왔기에 진정한 로망을 형성할 수 있는 작가가 나타나기 어렵다. 사실 서양적 의미의 로망은 아직 일본에서 나오지 않았다고 할 수 있다.

---

* Synthese. 변증법에서 상호 모순되는 명제(테제)와 반대 명제(안티테제)를 통일시켜 모순을 해결하는 것.

그러나 문학이란 반드시 장르에 얽매일 필요는 없으므로 로망이라는 개념을 차치하면,『겐지 이야기』는 훌륭한 장편 소설이고, 단순히 길이라는 측면에서는 신문소설을 비롯해 현재에도 대장편은 수없이 쓰이고 있다. 주간지에 일 년 정도 연재를 하다 보면 엄청난 분량의 소설이 거의 자동적으로 완성된다.

장편의 문장이 조잡해도 된다는 건 아니지만 거기에는 자연히 긴 호흡과 감정과 사상이 끝없이 독자의 가슴속으로 흘러 들어갈 만한 지속력이 있어야 한다. 지극히 예리한 감각으로, 더욱이 지극히 시적으로 세련되고, 지극히 집중적 효과가 지속되고, 지극히 아름다운 자연 묘사가 구사되고, 지극히 디테일에 공을 들인 문체는 장편소설에는 적합하지 않고 기질적으로 그런 문체를 가진 작가가 장편소설을 쓴다는 건 고행이나 다름없다. 장편소설의 문장을 예시로 인용하기는 쉽지 않다. 왜냐하면 그런 문장의 특징은 몇 줄의 인용에서 드러나는 게 아니라 백 장, 이백 장을 읽다 보면 저절로 이해할 수 있기 때문이다. 여기서 인용은 하지 않겠지만, 여러분이 실제로 접해 보기를 바란다.

내 생각에 가장 장편소설적 문체를 가진 서양 작가는 발자크와 괴테, 도스토옙스키이다. 그들은 타고난 장편 작가로, 이에 비하면 똑같이 긴 작품을 쓰더라도 프루스트 같은 작가는 문체가 자신의 기질과 극도로 밀착되어 있어서 그는 장편소설 작가라기보다는 자신의 개성과 운명을 어떻게 문학으로 쏟아부을 것인가에 전력을 기울인 한 사람의 특이한 작가로서, 장편이냐 단편이냐를 나누는 분류를 초월해 있다. 또한 스탕달 같은 특이한 작가도 있는데 그는 간결한 문체와 역동적인 힘으로 멋진 장편의 세계를 펼쳤다. 내가 전형적인 장편 문장이라 부르는 것은, 천부적인 재능을 갖고 태어나 우연히 그 재능을 꽃피웠다기보다는 오히려 그 작가의 자질 속에서 드러난 문체가 장편소설에 자연스럽게 적합한 작가를 말한다. 그 점에서 앞에 서술한 세 명인 괴테, 발자크, 도스토옙스키는 장편소설을 쓰기 위해 태어난 것 같은 작가였다. 괴테의 문체는 『친화력 Die Wahlverwandtschaften』이라는 소설을 읽으면 알 수 있듯이 언뜻 지루하게 흘러가는 듯 보이지만 큰 물결과 같이 굽이치며 천천히 사상을 펼쳐 나간다. 우리는 처음에 지루해하면서 소설로 들어서지만, 점차 시야가 열리면 먼 숲이며 마을이며 태양이 닿은 호수와 목장이 눈앞에 펼쳐지면서 광대한 작품적 세계가 그의 유유한 붓을 따라 구현되기 시작한다. 그는 결코 단편 작가의 문장처럼 길가의 작은 들꽃이나 곤충의 모습에는 눈길을 주지 않고 유유히 산길을 올라가서 거대한 전망을 조망할 수 있는 곳까지 독자를 끌고 간다.

장편소설의 이상적 문체는 줄거리에 구애되지 않는 문체이다. 사물에 구애받지 않는 문체이다. 즉 대범한 문체이다.

이런 문체를 가진 일본 작가는 지극히 소수라 어쩔 수 없이 외국 작가를 예로 들 수밖에 없겠다. 구성 자체가 장편적인 발자크의 소설은 단편소설조차도 드라마틱한 장편적 구성을 이루고 있는데, 예를 들어 『랑제 공작부인』같은 작품에서는 한가로운 수도원의 묘사에서 시작해서 갑자기 방향을 바꾸어 생 제르맹 거리의 귀족 사회 묘사로 옮겨 갔다가 아무리 지나도 이야기의 핵심으로 진척이 되지 않는다. 그러나 일단 그의 문체의 파도에 올라타면 베토벤의 음악처럼 거대하고 왕성한 에너지가 우리를 나르고 있는 걸 느끼게 된다. 그리고 내가 줄거리에 구애되지 않는 정신이라는 표현을 했는데, 발자크만큼 줄거리에 구애되지 않는 작가도 없다. 그는 눈앞의 구성이나 세부를 거의 무시하며 대강 세운 계획을 차례차례 파괴하면서 마치 인생 그 자체와 같이 소설을 진행시킨다. 도스토옙스키의 『카라마조프가의 형제들』을 읽은 사람이라면 굉장히 러시아인다운 에너지가 있고 어떤 의미에서는 둔감하고 대담한 문체가, 보기에도 신경질적인 주제를 지탱하는 데 얼마나 힘이 되고 있는지 이해할 것이다. 일본인이 가장 갖기 어려운 게 바로 이런 육체적 에너지의 지속과 일종의 대범한 둔감함이다.

    서사시에서 시인들이 잘 쓰는 기교를 우리는 일상생활에서도 종종 경험한다. 주요 인물이 멀어지거나 보이지 않거나 무력해지면 바로 제2, 제3의 지금까지 거의 거들떠보지도 않던 인물이 그 자리를 채우며 전면적으로 활약한다. 그러면 주요 인물과 마찬가지로 우리의 주의를 끌고 동정과 찬사까지 보낼 만한 위상을 차지하게 되는 것이다.

그래서 대위와 에두아르트가 사라지자 주요 인물이 아니었던 건축가가 날이 갈수록 중요한 인물이 되었다. 각종 사업의 정리와 실행은 전적으로 그에게 의존했다. 그는 일에서 정확하고 사려 깊고 활동적인 모습을 보여주었으며, 부인들을 여러모로 도와주었고 부인들이 지루할 때면 이야기 상대가 되는 것도 마다하지 않았다. 그의 외모가 이미 신뢰를 받고 애정을 불러일으킬 만했다. 글자 그대로 싱그러운 이 청년은 키가 크고 호리호리했으며, 조심성이 있지만 쭈뼛거리지 않았고, 친근하지만 거들먹거리지 않았다. 그는 어떤 걱정도 노고도 기꺼이 받아주었다. 아주 쉽게 계산을 잘해서 금세 가정 살림 전체가 그에게 비밀이 아니게 되었다. 그의 바람직한 영향이 모든 곳으로 퍼져 나갔다. 외부 손님은 대개 그가 맞이했는데 예고 없는 방문을 거절하거나 적어도 그런 방문으로 인해 부인들이 불편하지 않도록 처리할 줄도 알았다.

특히 어느 날 젊은 법률가가 그를 대단히 애먹였다. 근처 귀족의 의뢰를 받은 사건을 들고 왔다. 특별히 중요한 것은 아니었는데 샤를로테는 심각하게 마음이 동요되었다. 이 사건은 이런 일이 없었으면 아마 끝까지 문제가 되지 않았을 많은 것들에 하나의 충격을 줬던 거라 서술해둔다.

샤를로테가 진행했던 묘지 재단장 계획을 떠올려 보자. 기념비는 전부 원래 장소에서 돌벽이나 교회의 토대석 옆에 옮겨 놓았다. 빈터는 땅 고르기를 했다. 교회로 이어졌다가 다시 그곳을 지나 반대쪽의 작은 문으로 이어지는 넓은 길을 제외하고, 다른 곳에는 모두 여러 종류의 클로버 씨앗을 뿌렸는데, 그것이 근사하게 자라 푸른 잎 위로 꽃을 피우고 있었다. 새로운 묘지는 일정에 따라 가장자리부터 만들어질 예정이었고 반드시 평평하게 해서 마찬가지로 씨를 뿌릴 계획이었다. 이렇게 해두면 일요일이나 공휴일의 성묘 때 밝고 품위 있는 경치를 볼 수 있으리라는 걸 아무도 부정할 수 없었다. 오랜 관습에 집착하는 늙은 목사도 처음에는 이 설계를 흡족하게 생각하지는 않았지만, 지금은 오래된 보리수 밑에서 바우키스와 함께 있는 필레몬처럼 뒷문 앞에서 쉬며 색색의 아름다운 융단이 된 울퉁불퉁한 묘지를 보고 기뻐했다. 게다가 샤를로테가 목사관牧師館 측에서 이 땅을 이용해도 좋다고 보증했기에 가계에도 도움이 될 터였다.

그러나 그럼에도 불구하고 교구 사람들 중에는 예전부터 선조들이 잠들어 있는 장소의 표식이 제거되고, 그 때문에 기릴 게 사라져버렸다고 비난하는 이가 적지 않았다. 잘 보존된 기념비는 누가 매장되어 있는지는 알려주었지만, 어디에 매장되어 있는지는 표시되지 않았기 때문이다. 더욱이 많은 사람의 주장에 따르면 실제로는 어디에 묻혔는가가 중요한 것이다.

이웃에 사는 어느 일가도 자신들과 집안을 위해 수년 전에 이 공동묘지의 일부를 계약하고 그 대가로 교회에 사소한 기부를 했기 때문에 같은 의향이었다. 그래서 젊은 법률가를 보내 기부를 취소하고 앞으로 기부를 하지 않겠다고 통보한 것이었다. 이유는 지금까지 기부했던 조건이 일방적으로 파기되었고, 모든 항의나 반대가 무시되었기 때문이라는 것이었다. 재단장을 기획한 샤를로테가 직접 젊은 법률가를 만나기로 했다. 그는 감정이 격렬하지 않았으나 활발하게 자신의 근거와 의뢰인의 근거를 설명하고 그 자리에 모인 사람들이 여러 생각을 하게 했다.

—괴테, 『친화력』 제2부 제1장, 다카하시 겐지 번역

제4장
희곡 문장

희곡 문장을 논하기에 앞서 소설의 대화 문장과 희곡 문장이 얼마나 다른가를 먼저 설명해야겠다. 소설 중에는 대화가 많은 것도 있다. 예를 들면 다니자키 준이치로의 『세설』은 미국에서 번역되어 '대화 소설'이라는 식으로 불렸다. 희곡과 소설의 중간 형식에는 여러 가지가 있는데, 예를 들면 괴테의 『파우스트』는 희곡이라 하기에는 너무 산만하게 대화가 나열되고, 제2부의 경우는 아예 상연도 불가능할 정도다. 또 회화체로 쓰인 희곡이 아닌 것도 많은데, 고비노 백작의 『르네상스』가 그 예이다. 18세기 프랑스 소설 중에도 대화체 소설이 있으며 이렇게 희곡과 소설 사이에는 많은 중간 형태가 있다.

우리는 대화가 나오지 않는 소설은 흔히 지루하다고 말한다. 지문만 계속되면 딱딱하고 지루한 느낌이 들어 일반 독자는 대화를 요구한다. 그렇다고 대화를 좋아하느냐 하면 대화만 계속되는 희곡은 읽기가 어렵다고 일반 독자들은 거리를 둔다. 이 모순은 무엇일까. 어느 미국 작가한테 이와 관련된 어느 평론가의 말을 들은 기억이 있다. 그 평론가의 이름은 잊었지만, 소설 속 대화에 관한 이런 주장이었다.

"소설에서 대화란 큰 파도가 부서질 때 일어나는 하얀 물보라 같은 것이어야 한다. 지문은 파도인데 앞바다에서 천천히 굽이쳐 들어와 뭍에서 부서지는 것처럼 더는 버틸 수 없어질 때까지 높이 쳐들었다가 확 무너질 때처럼 대화가 들어가야 한다."

나는 이 비유를 대단히 아름답다고 생각한다. 소설 속 대화는 그래야 하고 그런 식으로 삽입된 대화는 아름답다.

그러나 소설 작법은 절대적이지 않고 나라마다 전통이 있다. 독일 소설은 장황한 논의를 대화에 남용하는 경향이 있고 과거의 이야기도 대화로 처리한다. 이건 독일 소설에 특수한 맛을 부여한다. 러시아 소설에서도 도스토옙스키의 『카라마조프가의 형제들』을 보면 어려운 신학적 논의로까지 확대되는 장황한 대화가 이어지며 소설의 주요 주제를 극적으로 고조시키기까지 한다. 사실 도스토옙스키 소설에서 대화는, 대화로 봐도 독특하고 그 자체로 독립된 극적 효과가 있어서, 예전에 파리에서는 『카라마조프가의 형제들』의 대화 부분만 발췌해서 상연한 적이 있었다. 이 작품은 상당한 성공을 거둔 모양인데 그것만으로도 도스토옙스키의 대화가 변증법적 구성을 지니고 있으며, 일반 소설의 대화와 달리 극적인 긴장과 대립 위에 성립되어 있고 소설에서 드라마틱하고 두드러진 효과를 만들어 내는 대화라고 할 수 있다. 그런 의미에서 『카라마조프가의 형제들』은 소설적인 동시에 상당히 극적인 작품이다. 일본 독자에게는 후반부 법정 장면의 긴 재판 변론은 소설 속 대화로서 가장 익숙한 예일 것이다.

일본 소설에는 이런 대화의 전통이 없다. 대부분 사실적 대화이고, 소설 속의 대화는 소설의 큰 줄기에 다가서는 극적 대화는 회피되고, 마치 지문의 짠맛에 대화라는 달콤함을 한두 방울 떨어뜨리는 정도로 삽입되어 왔다. 대표적인 게 신문소설의 대화인데, 신문소설의 독자는 긴 지문이나 서술 묘사를 견디지 못하므로, "어머, 정말" 이러거나 "아유, 그런 말씀 하시면 안 돼요"라는 무의미한 대화를 삽입함으로써 독자들의 일상적이고 평범한 현실감각을 자극해야 한다. 왜냐하면 지문 묘사는 일단 지적인 이해를 거쳐야만 현실감각으로 다가오는데, 아무 데서나 평소에 듣는 일상적 대화는 소설의 세계를 갑자기 가깝게 느끼게 하기 때문이다. 그러므로 일본 소설에 관한 한, 대화가 문학에서 중요한 부분을 담당한다고는 할 수 없다. 대화를 잘 구사한다는 평을 듣는 작가가 있기는 한데, 예를 들어 사토미 돈里見弴의 단편「동백나무」처럼 대부분 대화로 구성된 소설, 또 구보타 만타로久保田万太郞의 대화가 많은 소설에서 대화는 완전히 사실성을 높이기 위한 것이고, 탁월한 기교는 소설의 사실적 밀도를 높이기 위해 쓰인다.

> 갑자기 그 손님이 소리를 냈습니다.
> "아니…."
> 나는 당황해서 손님 쪽으로 몸을 돌렸습니다. …물론 술병도 어묵도 이미 손님상에 나가 있는데….
> "여기 걸린 시구절 지은이 말인데. …이 가조라는 사람은 어떤 사람인가요?"
> 손님은 술잔을 입으로 가져가면서 내게 물었습니다.
> "아아, 그거요…."
> 나는 또다시 당황했습니다.
> "무엇이 거짓이고, 무엇이 진실인지, 추위일런가. …이런 표현은 보기 드문데."
> "별것 아닌 걸 괜히 여기 두었네요…."
> "아니요, 별게 아니라니요. 좋은 구절이네요. 잘 쓴 구절이지요. …여기 오는 손님이 쓴 건가요…?"
> "아뇨. 그게 아니고요. …친구가 썼거든요…."
> 아무래도 그렇지 제가 썼다고 말하지는 못하겠더군요….

"친구가요…?"

"네."

"이 사람이 쓴 것 중에 어떤 구절이 있나요, 이것 말고…?"

"'지붕의 삼나무 껍질 보이는 추위로구나'라는 구절을 이 가게를 열었을 때 써주긴 했는데…."

"음, 그것도 좋군, 탄탄한 구절이네요. …이 근처 사람인가요…?"

"하시바의 어느 절 스님인데…."

"이 근처에는 그런 사람이 그분 말고도 많나요…?"

"하시바, 이마도, 그리고 다마히메초…. 근방에만도 대여섯 명 있지요."

"그러면 그들끼리 무슨 모임 같은 거라도…?"

"'섶나무 모임'이라는 걸 합니다."

"'섶나무 모임'이요…?"

"'시골도 매한가지로구나 섶나무 때는 하시바 이마도의 아침 연기는'에서 따와서…."

"오호, 「매화 핀 봄」[*]에서 가져온 건가…."

손님은 빙긋 웃으며 묻는다.

"그래서 가게 이름도 '섶나무'인 건가요?"

"맞습니다. …모임 이름에서 가져와서…."

---

* 샤미센 음악의 일종인 기요모토부시(淸元節)의 곡명.

"그러면 주인장도 같은 모임이신지?"

"아닙니다. 저는 그러니까 사실. …가끔 불러주시면 시 모임에 머릿수를 채우러 나가기는 해도…."

"그렇지도 않은 것 같은데요, 말씀하시는 걸 보면…."

손님은 술 한 병에 일찌감치 취기가 돌아 갑자기 말수가 늘어….

—구보타 만타로, 『뒷모습』

그런 의미에서 현대 작가인 후나하시 세이이치舟橋聖一의 대화는 전통적인 사실적 대화의 절묘함을 보여주고 있다. 그의 대화는 색채가 풍부하고 여자의 눈가나 어렴풋한 미소나 교태를 여실히 표현하고 있다. 우리는 점점 그런 기교를 소설에서 중요시하지 않게 된 경향이 있지만, 후나하시의 소설 속 대화가 그의 소설의 큰 매력인 점은 부정할 수 없다.

와키코는 다시 한참 동안 말이 없었다. 그리고 차분하게 입을 열었다.

"알았어요. 그럼 선생님 말씀대로 해요. 괜찮아요. 정말 미련은 없나요?"

"미련이야 있지…. 엄청. 애써 끊어 내는 거지."

"너무 뻔뻔하시다."

그렇게 말하며 와키코는 그의 곁으로 갔다. 입술을 가져가

자 우오시마는 고대하던 맛있는 음식을 탐하듯이 목을 껴안고 그 입술을 빨고 말았다.

"이러면 안 되잖아요."

"…"

우오시마는 숨을 몰아쉬면서 금세 얼굴을 붉혔다.

"그야 당신이 적극적으로 나오면 내가 아이가 된 것 같소."

"나도 설마 선생님이 이렇게 좋아질 줄은 몰랐죠. 아침부터 밤까지 그 생각만 하는걸요. 지금까지 난 남자가 원하는 대로 하면 되는 줄 알았어요. 여자는 원래 그렇고 남자의 욕망이 열 배는 강할 거라고 쉽게 생각했죠."

"내가 졌소."

"이게 자연스러워요. 선생님은 겁쟁이지만 솔직하군요. 하지만 내게 선생님은 오브제. 나에게 니시키다가 있는 것도 선생님한테 부인과 유미코가 있는 것도 방해가 되지 않는다고 생각해요."

비가 뚝뚝 떨어졌다. 빗소리가, 그 정도의 소리로도 두 사람을 밀착시키는 구실을 만들어 낸다.

—후나하시 세이이치, 『꽃과 열매』

이제 소설의 대화 문장이 희곡의 문장과 어떻게 다른지를 설명하겠다. 소설 대화의 명인이 희곡의 명인이라고 할 수는 없다. 소설의 대화와 희곡의 대화는 같은 "네" 또는 "아니요"

"아니, 그럴 수가" "그만해, 바보 취급하지 마" "날씨가 얼마나 좋은지"와 같은 한두 마디라도 전혀 의미가 다르다. 왜냐하면 소설에는 그런 대화의 준비 단계로, 대화가 필연적으로 나오는 심리나 정경이 이미 묘사되어 있고, 그게 아니라면 대화가 끝난 뒤에 심리나 정경 해설이 이어진다. 그러므로 독자는 대화 자체에 전혀 제약을 받지 않고 안심하고 읽어 내려갈 수 있다. 자연스럽게 이해가 된다. 또 소설에서 "네" 또는 "아니요"라는 말이 상당히 중요한 서사적 효과를 발생시키는 경우에도, 그에 대해 충분히 설명된 다음 "네" 또는 "아니요"가 나오므로 "네" 또는 "아니요"는 대부분 읽지 않아도 괜찮다고 봐도 된다.

그러나 희곡에서는 대화가 나오는 상황에 대한 설명이 전혀 없으므로 독자는 일일이 상상으로 보충하며 읽어야 한다. 현재도 희곡 단행본은 가장 안 팔리는 종류의 책 중 하나이다. 그러나 일단 희곡을 읽는 데 익숙해지면 그 재미는 소설보다 크므로 독자 여러분도 희곡 문장에 관한 자세한 설명을 듣고, 희곡 문장에 대해 친근감을 가졌으면 한다.

예를 들면 여기는 어느 시골이고, 작은 산속의 농가에 세 식구가 살고 있다. 엄마는 돌아가시고 아버지와 두 딸이 있는데 딸들은 이복 자매이다.

이런 상황이 있다고 가정해 보자. 만약 소설이라면, 예를 들어 모리 오가이류의 소설이라면 처음부터 설명을 척척 해버리면 끝나는 일이다. 예를 들어 보겠다.

    그 집은 ○○ 지역, ○○ 마을에 있다. 기차역에서 걸어 이십 리가 걸린다. 완만한 비탈길을 올라가면, 주위에 인가가 없는 숲속 나무 사이로 낡은 농가가 보인다. 그 모습은 심상치 않은 적막감을 불러일으킨다. 근처에서 동백 저택이라 부르는 이 집에서 화사한 거라고는 집 주위를 둘러싼 동백나무가 유일하고, 어두운 집 안은 호젓하고 웃음소리 하나 들리지 않는다. 굳이 화사함을 찾자면 딸이 두 명 살고 있다. 그러나 화사함과는 거리가 멀다. 둘 다 수수한 차림에, 젊은데도 음침한 얼굴로 말수도 적고, 시종 서로 노려보고 있다. 그 집에는 어머니가 없이 아버지 혼자 두 자매와 함께 사는데, 둘은 이복 자매였다.

이 정도 설명으로 소설에서는 상황이 설정된다. 거기서부터 이야기가 시작된다. 그런데 만일 희곡으로 쓴다고 가정해 보자. 즉 희곡은 모두 대화로 설명하며 독자를 충분히 이해시켜야 한다. 물론 무대장치라는 보조 수단은 있다. 그러나 무대장치가 역에서 집까지의 거리를 설명할 수는 없다. 등장인물의 의상도 있다. 그러나 의상은 부자인지 가난한지 보일 수는 있어도 복잡한 인간관계를 나타내지는 못한다. 그래서 희곡의 대화는 처음부터 이렇게 시작한다.

언니 이제 몇 시쯤 되었으려나.

동생 난 몰라.

언니 너는 뭘 물어도 안다고 한 적이 없지.

동생 언니도 마찬가지 아냐.

　(잠시 침묵)

　이런 식으로 먼저 굼뜨고 답답한 기법으로 자매 사이가 좋지 않음을 암시한다. 그리고 나서 두 사람이 작은 목소리로 아버지에 대한 엄마와의 추억을 이야기하다가 두 사람이 이복 자매라는 걸 드러낸다. 그리고 아버지가 도청까지 갔다가 돌아오는 데, 역에서부터 걸어 몇 분 걸리니까 몇 시 기차로 와서 앞으로 한 시간쯤이면 집에 올 거라는 말을 한다. 대화를 통해 역에서 집까지의 거리가 설명되는 것이다. 또 집으로 올 때 버스가 아니라 걸어올 수밖에 없는 것도 설명된다. 가정의 경제 사정이나 마을 내에서 차지하는 특수한 위치도 모두 그런 대화를 통해 설명되어야 한다. 그러므로 나는 연극 개막 시간에 늦는 관객을 가장 연극에 무지한 관객이라 생각한다. 시작하고 십 분에서 이십 분 사이의 대화는 상황을 설명하는 데 가장 중요하기 때문이다. 그리고 사소한 대화일수록 그 안에 상황이 들어가 있으므로 사실 관객이 잠시도 귀를 쉬지 않고 집중하고 있어야 하는 때가 바로 오프닝 장면이다.

그리고 희곡에서는 대화로 과거의 상황을 설명하는 동시에 현재의 행위를 진행해야 한다. 아무렇지 않은 평범한 대화에는 현재와 과거의 이중적 의미가 포함되어 있다. 그저 과거의 설명만으로 끝나는 대사는 극을 중단시키므로, 과거를 설명하면서 극을 진행시켜 스토리를 앞으로 나아가게 해야 한다. 그 과정에서 전혀 설명적으로 들리지 않도록 처리하는 게 극작가의 능력이다.

그래서 예를 들면 "아니, 평사원인 자네가 사장인 나한테 그게 무슨 소리인가" 같은 대화가 미숙한 희곡에서 흔히 발견되는데, 그런 식으로 설명된 대화는 좋은 희곡 문장이라고 할 수 없다. 왜냐하면 우리는 보통 상대가 사장이고 내가 평사원이라는 사실을 실생활에서 알고 있으므로, 굳이 새삼스레 '사장인 나한테'라거나 '평사원인 자네'라고 떠벌리며 말을 한다면 그야말로 연극 같은 대사가 되어 실생활에서 멀어지고 만다. 따라서 기회를 보아 한쪽을 '사장'이라 불러 사장이라는 걸 설명하여 자연스럽게 관객들이 귀로 알 수 있도록 하는 기법을 사용해야 한다. 이렇게 극작가의 기교를 알 수 있는 것도 희곡을 읽는 즐거움인데 또 다른 문제는 희곡의 문체이다.

이 책에서 다루는 문장 또는 문체가 희곡에도 있을까. 비전문가가 보기에는 없다는 생각이 들 것이다. 일반적인 대화의 연속인 것 같은 희곡에 대체 문장이 있을 수 있을까. 그러나 엄연히 문장은 있어야 한다. 더 옛날 시대의 조루리 문장은 대화와 지문이 똑같이 7·5조로 쓰였고, 문장이 상당히 중시되었다. 또 모쿠아미의 시대에도 나오자무라이의 국수 가게 장면에서 나오지로가 7·5조를 기본으로 다음과 같은 대사를 말한다.

나오지로 오늘 아침 남풍이 바뀌더니 북서풍이 불어와 눈이 내렸네. 근년에 보기 드문 올해 추위에 의외로 많이 쌓여 아직 술시戌時이건만 자시子時 같구나, 길을 걸어 다녀도 인적이 없어, 나에게는 잘됐구나(무대로 다가와서 사방등을 보며), 근방에 아는 이도 하나 없으니, 메밀국수 한 그릇 먹고 갈거나. (입구에서 안쪽을 들여다보며) 오, 마침 잘되었다 아무도 없네. (얼굴을 가린 천을 뒤로 돌려 묶고 안으로 들어간다)
—가와타케 모쿠아미, 『고치야마와 나오자무라이』

그러나 이런 옛 문체가 아니더라도 구어체로 쓰인 현대 희곡에도 희곡 문체가 있고, 또 있어야 한다. 문체를 가지고 있다는 점이 희곡을 소설 속 대화와 확연히 구별하고, 또한 희곡이라는 장르를 소설로부터 확연히 독립시킨다. 물론 희곡 중에는 문체가 전혀 없는 그저 일상 회화의 나열 같은 연극도 있다. 그런 것을 떠나, 기시다 구니오나 구보타 만타로는 일본의 희곡 문체를 확립했고, 그 이후의 작가 중에서도 모리모토 가오루森本薫, 가토 미치오加藤道夫, 후쿠다 쓰네아리福田恆存, 다나카 지카오田中千禾夫, 기노시타 준지木下順二는 각각 독자적 문체를 창시했다.

시험 삼아 희곡 문체를 소설 문체와 같다고 가정하고 소설의 문체를 희곡의 각 등장인물에게 할당해 보기로 하자. 다음은 『친화력』의 한 구절을 억지로 세 사람의 대화로 나눈 것이다.

남자 A 이런 태도가 새신랑에게 필시 불쾌했을 거라고 누구나 생각할지도 몰라.
남자 B 반대로 그는 이런 노력을 큰 공이라고 생각하고 있었어.
남자 C 게다가 조금이라도 위험해 보이는 건 딱 잘라 거절할 수 있는 그녀의 극단적이라 할 만한 성격을 아니까 차라리 마음에 두지 않았겠죠.

이렇게 『친화력』의 일부를 임의로 세 사람의 대화로 나누어 보면, 여기에는 문장으로서의 연속성은 있으나 희곡의 문체라고 할 수는 없다. 왜냐하면 희곡의 대화는 각 인물의 성격을 표현하고 있어서 한 줄 한 줄의 대화는 소설의 문장처럼 연속을 이루는 흐름이 아니라, 마치 바닷속을 헤엄치는 돌고래가 해수면 위로 뒷모습을 보이며 뛰어 오르는 것처럼, 성격의 뒷모습을 슬쩍슬쩍 보여주며 수면을 누비듯이 달려

가다가 순간적으로 드러나는 한순간 한순간이 희곡에 등장하는 각 인물의 대사이므로, 위의 문장처럼 일관된 흐름을 잘라냈다고 희곡 문체가 되지는 않는다. 더욱이 희곡은 남녀노소, 여러 계층과 직업의 사람이 같은 무대에 등장하므로 이들을 평준화한 문장이 있을 수 없다. 만일 억지로 평준화해서 소설처럼 일관된 문체로 통일한다면, 희곡은 너무나 지루해져서 서투르게 번역된 희곡처럼 레제드라마^{Lesedrama}* 말고는 다른 쓸모가 없을 것이다. 희곡의 문체란 각각의 캐릭터를 가지면서 더욱이 그 밑바탕에 작가의 일관된 리듬이 고동치는 것을 말한다. 그러면 아까 그 구절을 문체가 없는 희곡으로 고쳐보자.

남자 A 이런 태도가 새신랑한테는 분명 불쾌했을 거라고 누구나 생각할 거야.
남자 B 아니, 그 반대야. 그 사람은 그런 노력을 했다는 데 자부심을 느끼던걸.
남자 C 맞아. 게다가 저 남자는 그녀의 극단적인 성격, 그러니까 위험해 보이는 일은 언제든 딱 잘라 거절할 수 있는 그 성격을 완전히 다 파악했으니까. 차라리 신경을 쓰지 않았다고 할 수 있지.

* 무대에서 상연할 목적이 아니라 독서용으로 만든 드라마.

이렇게 하면 새신랑에 대한 세 남자의 뒷담화 혹은 인물평을 연상시킨다. 그러나 여기에는 아직 희곡 문체라고 할 만한 건 없다. 성격도 나타나지 않고, 그저 일상적인 말의 나열 말고는 문학을 성립시키는 요소가 없기 때문이다. 그러나 희곡의 문학성이란 무대예술이라는 특성을 수반하기 때문에 다양한 불순물을 포함할 수밖에 없고, 어떤 세련된 희곡이라도 다음과 같은 아주 시시해 보이는 밋밋한 일상적 대화가 끼어드는 걸 피할 수 없다.

하녀 차를 준비할까요?
부인 그래…. 아니, 조금 더 있다 내오렴.

어지간히 비현실적인 연극이 아니고서야 이런 대화는 희곡의 필요악이라고 해야 할 것이다. 희곡의 문체란 즉 이러한 일상다반사로 나누는 대화의 필요성까지 포함해서, 모든 불순물을 그 안에 포함하고도 작자의 내적인 리듬이 등장인물에서 다른 등장인물로 번개처럼 번져 가는 문장을 말한다. 한두 개의 인용문으로는 설명하기 어렵지만, 한 편의 희곡을 읽어 보면 그것이 얼마나 하찮고 평범한 비문학적 대화의 연속인지를, 또 일상적이고 평범한 말을 쓰고 있는 듯하면서도 그 안에 작자의 피가 고동치면서 이렇다 할 이유도 없이 문장의 리듬이 은은히 오르내리고 있는지를 발견할 수 있을 것이다. 거기서부터 희곡 문체는 희곡이라는 장르의 엄밀하기 그지없는 구성력과 밀접하게 대응하기 시작한다.

하녀 차를 내올까요?
부인 그래…. 아니, 조금 더 있다 내오렴.

예를 들어 위의 대화도 심리적 의미가 깊게 부여되어 작품의 독특한 문체를 구성한다. 요컨대 희곡 문체란 소설 문체보다도 파악하기 어려운 반면 한층 더 강하게 반짝이면서 밑바탕을 흐르는 것이며, 또한 소설보다 한층 강하게 주제와 구성력과 끊임없이 소통하면서 가장 긴밀한 관계에 있을 때 성립하는 것이라고 할 수 있다. 물론 시인이 쓴 아름다운 문체의 희곡도 있지만, 내 생각에 극문학으로서의 희곡에서 훌륭한 구성 없이 훌륭한 문체는 있을 수 없다고 생각한다. 기시다 구니오岸田國士의 『티롤의 가을チロルの秋』의 다음과 같은 대사를 읽어 보자.

스텔라 (아마노의 목에 팔을 걸치며) 괜찮으니까, 좀 더 이쪽으로 기대.
언제였더라….
그, 라인강이 내려다보이는
빌라… 이름이 뭐였더라….

이름은 상관없어….

내가, 처음으로 그 빌라에 묵은 밤 말인데…

뱃놀이를 한 날이지… 늦게까지….

그날 밤…

당신은 많이 취해서…

왜 그렇게 취했어?

어머, 내가 취하게 했었나…. (갑자기 아마노를 끌어당기며 입술을 갖다 댄다)

그러지 마. 왜 아무 말도 안 해. (잠깐 사이를 두고)

당신 방은 바로 옆방이었지….

내가 창문을 여니까 당신도 창문을 열었어.

그리고 어땠더라…?

―기시다 구니오, 『티롤의 가을』

　기시다 전에는 아무도 쓰지 않았던 대사이며 미묘한 심리의 기복은 희곡적, 무대적 요소에 깊이 구속되어 있어서 예전 소설가들이 심심풀이로 쓴 것 같은 희곡과는 확연히 다르다. 그리고 기시다가 선택하는 소재, 희곡 작법, 무대 분위기, 등장인물의 특이한 성격, 의상, 그 모든 것에 넘쳐나는 신선함, 그런 것이 하나로 합해져서 독자는 기시다한테 희곡 문체의 혁명을 느꼈던 것이다. 이렇게 일본 최초 심리극의 희곡 문체가 확립되었고, 이른바 '극작파'라 불리는 희곡 작가들이 모두 영향을 받았던 것은 주지의 사실이다.

그리고 후쿠다 쓰네아리의 『키티태풍^{キティ颱風}』은 이차세계대전 이후에 확립된 신극^{新劇}의 기념비적인 작품인데, 그의 희곡 문체는 언뜻 보면 기시다 구니오의 영향을 받은 것 같으면서도 심리극을 뛰어넘어 일상적인 생활 감각 위로 드러나는 인간 사상의 잔재를 공들여 포착, 현대 일본의 사상적 잔재가 얼마나 얕은지를 증명하여, 일본인이 생활 전반에서 정신적으로 의지할 곳 없음을 역으로 표현하려고 한 상당히 비평적이고 풍자적인 작품이다. 그래서 대사 문체도 다음과 같았다.

사부로 그런데 당신은 만만하게 보고 아무것도 하지 않습니다…. 하지만 나는….

고로 만만하게 보는 데다 혁명을 하려고 하지….

사부로 그거 말고도 뭐든 합니다…. 프랑스 인형 같은 것도….

고로 뭐라고? 혁명가인 당신이 그야말로 소시민 취향인 프랑스 인형을 만드는 취미가 있는 줄은….

사부로 소시민 취향이라니… 어이가 없군요. 그런 말도 안 되는 말이 어디 있습니까.

레이코 근사해요. 혁명과 프랑스 인형이라.

사부로 하하하하, 사토미 씨는 재능이나 취미를 경멸하는군요, 좋지 않아요. 이상이니 꿈이니 하는 거야말로 아무 도움도 되지 않는 완전히 비생산적인 겁니다. 하지만 취미는 물고기 한 마리를 낚더라도 뭔가를 생산하지요…. 아무것도 하지 않는 것보다는 줄타기든 만담이든 할 줄 아는 게 낫습니다.

가쓰로 (사부로 대사 도중에 무대 왼쪽에서 등장한다) 좀 어때요? 여기 분위기를 보니…. 조금은 이해하신 것 같네요. 언제 들어도 여전히 이 모양이라니까요.

사부로 아니, 상당히 흥미롭습니다.

료이치 다들 과학을 몰라서 안 된다니까, 과학을….

도시오 (사부로에게) 폭풍우를 뚫고 우리를 진찰하러 오신 거군요….

사부로 어…. 딱히 그런 건 아닙니다.

도시오 나도 당신이 흥미롭습니다. 당신만 우리를 보고 있는 게 아니라 나도 당신을 보고 있거든요…. 모두 다 주역이죠.

사부로 동감입니다.

가쓰로 누가 누구를 보는 건지 모르겠군. 주인공이 당신인지 나인지 몰라도 아무튼 당신들은….

고로 또 시작이군, 그렇게까지 우리를 망치고 싶은지….

가쓰로 당장 큰 폭풍우가 올 겁니다, 키티태풍 같은 건 비교도 안 되는 큰 태풍이…. 그때가 돼서 후회해도 늦어요. 당신들은 지금 일본을 움직이고 있는 게 누구인지 모를 거요…. 총리대신도 아니고 국회의원도 아니고….

고로 요시오카겠죠.

가쓰로 아이러니하게도 그게 농담이 아니라는 게 애초에 아이러니라니까…. 그런데 안심하시오. 지금 나를 안 사실에 감사할 날이 올 테니….

고로 나카이 씨, 노아는 아무래도 미쓰하시 씨 같은데.

—후쿠다 쓰네아리, 『키티태풍』

　요컨대 희곡 문장이란 때로는 지나친 도치법을 남용하거나 대화를 극도로 비틀어 일본어 대화의 표현력을 가장 높게 발휘하며, 어쨌든 산문과 달리 확실한 형식을 벗어나 융통성이 있고 유동적이고 춤추는 독특한 문체라고 할 수 있다. 즉 소설 문장이 걷는 문장이라고 한다면 희곡 문장은 **춤추는 문장**인 것이다.

제5장
평론 문장

우리가 보통 예술 작품이라고 하는 것은 희곡, 소설, 시 등인데, 비평 역시 훌륭한 예술 작품이 될 수 있다. 비평이 예술 작품인가 아닌가에 대한 논쟁은 이 책에서 다룰 내용이 아니므로, 오스카 와일드의 유명한 평론 『예술가로서의 비평가』를 읽으면 지금까지의 논쟁이 이해될 것이다.

　내 얘기를 하자면 나는 문장이 좋지 않은 소설을 읽을 때보다 문장이 좋지 않은 평론을 읽을 때가 훨씬 힘들다. 아무리 작은 칼럼 기사나 익명의 비평문이라도 문장이 좋지 않으면 예리하게 내 신경을 건드린다. 반면 엄청나게 심한 험담이 훌륭하고 힘 있는 문체로 쓰여 있는 비평을 읽는 일은 못 쓴 소설을 읽는 것보다 언제나 나를 기쁘게 한다. 힘 있고 훌륭한 문장은 비평을 모든 사적인 비루함으로부터 분리하는 작용을 한다. 만일 소설을 쓰는 일이 일종의 인고의 작업이라면, 비평 역시 예술 작품이 되지 못할 이유가 있겠는가.

다만 역시 평론에서 문제는 일본어의 논리성 부족이다. 적어도 근대 비평가 중에서 가장 훌륭한 평론을 쓴 사람은 폴 발레리Paul Valéry일 것이다. 그는 프랑스어의 명료한 특성을 최대한 이용하면서 동시에 아주 세련되게 프레시오지테préciosité, 취향 과시를 활용하여, 이성적인 지성인과 우아한 사교인의 문체의 통합이라는 17세기 이후의 프랑스 전통을 멋지게 완성했다. 발레리가 비평한 대상들 역시 발레리의 정신과 맞설 만한 힘이 있었다는 것도 주효했다. 발레리가 비평한 대상은 바로 쇠퇴해 가는 유럽이자 유럽 전체의 정신이었다. 그는 비평을 통해 자신을 유럽 최후의 인간으로서 기념비적 존재로 완성했기에 그의 문장은 당당했고 그 아름다움은 거대한 일몰과도 닮은 유럽 정신의 마지막 향기를 내뿜을 수 있었을 것이다.

그러나 일본 비평가들은 일본어의 비논리적 성질과 대상의 빈약함으로 인해 깊은 지적 고독을 맛봐야 했다. 외국 문물을 통해 근대 비평의 근본정신을 배워 높은 수준의 비평 표현이 어떤 것인지 알게 되지만, 그것을 표현할 일본어와 비평 대상이 될 근대 일본의 빈약함 때문에 평론가는 문체를 만들어 내는 데 어려움을 겪었다. 그러나 일본의 평론 문체를 수립한 천재가 있었다. 바로 고바야시 히데오小林秀雄이다.

고바야시 히데오의 문체적 특징은 발레리와 마찬가지로 매우 논리적이면서도 일본의 전통인 감각적 사고의 틀을 고수했다는 점인데, 그것이 그의 강점이기도 했다. 일본어 문체와 비평 사이에 하나의 결합점을 찾아낸 그는 소설가의 문체에서는 시가 나오야와 같은 행동적 문체를 모델로 삼았고, 비평 대상으로 현대의 잡다하고 통일성 없는 문학에서 벗어나 서서히 임의의 대상을 선택하게 되었다.『무상이라는 것無常といふ事』을 쓴 이차세계대전 무렵부터 중고 시대*의 일본의 인물상에 조명을 비춘 그는, 이차세계대전 이후에는 모차르트와 같은 서구 천재의 정신을 깊이 파고들었고, 이후에는『근대 회화』라는 저서를 통해 그가 청년 시절부터 꿈꾸었던 고흐를 비롯한 근대 화가에 대한 가장 독창적인 비평을 시도했다. 이 책은 회화론이자 전적으로 그의 문학비평의 연장선 위에 있다.

원래 비평문은 메이지 시대부터 모리 오가이, 나가이 가후, 마사무네 하쿠초, 그리고 다이쇼 시대부터는 사토 하루오 같은 비범석 재능을 가진 여러 작가들이 차례로 시도했다.

여기서는 특히 비평가의 독특한 문체를 다루고 있으므로

---

*   일본의 헤이안 시대.

고바야시 다음에는 나카무라 미쓰오中村光夫를 거론해야 할 것 같다. 나카무라 미쓰오는 고바야시처럼 어떤 의미에서는 일본어에 지배되지 않고 일본인의 사고 형태를 특히 배제하면서, 매우 엄격하고 논리적인 문체를 만들어 냈다. 그가 유명한 '입니다체です口調'를 사용하기 시작한 것에 대해, 나는 일반적인 구어문이 자칫 빠지기 쉬운 일본적 감성을 지양하여 현대 구어문이 지닌 일종의 유기성有機性을 버리고 무기적無機的 문체를 만들려던 결과라고 생각한다. 그의 장편 평론은 명쾌한 논리적 전개로 가득한데, 일본어가 일찍이 이렇게 논리적 정확성을 띤 적은 없었다. 더욱이 비평가에게 필요한 문학적 감수성이라는 섬세한 실이 뒷면에 교묘하게 잘 짜여 있어서 그 감수성이 논리를 밀어젖히기 전까지는 비어져 나오는 일 없이 항상 논리를 거드는 역할을 하고 있다. 이러한 금욕적 문체를 현대 소설에서 거의 볼 수 없고 오히려 비평의 영역에서 발견하게 되는 건 신기한 현상이라고도 하겠다.

흔히 아름다움은 사람을 침묵시킨다고 하지만 이 사실에 대해 깊이 생각하는 사람은 의외로 적다. 뛰어난 예술 작품은 말하려고 해도 이루 말할 수 없는 어떤 것을 표현하고 있고, 이에 대해 학문적 언어도, 실생활의 언어도 표현할 길을 모르는 나 같은 사람은 어쩔 수 없이 입을 다문다. 그러나 이 침묵은 공허함이 아니라 감동으로 가득 차 있어 무엇인가 말하고 싶은 충동을 억누르기 어려워도 말을 하면 거짓이 될 거라는 의식을 일깨워야 한다. 그런 침묵을 만들어 내려면 굉장한 능력이 필요하고, 그런 침묵을 견디려면 작품에 대한 절절한 애정이 필요하다. 아름다움이란 현실에 존재하는 어떤 저항하기 어려운 힘이며, 이상한 표현이지만 일반 대중이 생각하는 것처럼 훨씬 아름답지도 않고 유쾌하지도 않다.

아름다움이라 불리든 사상이라 불리든, 요컨대 뛰어난 예술 작품이 표현하는 일종의 말하기 어려운 어떤 것은, 그 작품 고유의 양식과 떼어낼 수 없다. 무릇 예술을 말하는 자의 상식이자 모든 예술에 통용되는 원리라고까지 할 수 있는데, 이 원리가 현대에 어떠한 위험에 노출되어 있는지 주의하는 사람도 의외로 적다. 주의해도 소용없게 되어버렸는지도 모른다.

―고바야시 히데오, 『모차르트』

가후는 메이지 시대를 통틀어 유일하게 문학가가 되려는 분명한 목적을 가지고 해외로 나갔던 사람입니다. 그리고 당시 문학가들의 눈에 서양으로 가는 일은 불필요한 사치로 비쳤으니 일반 사회에서 문학가가 되기 위해 외국에 가는 걸 어떻게 생각했을지를 짐작해보면 가후의 서양행의 예외성을 확실히 이해할 수 있습니다.

메이지 시대 내내 서양은 일본 문화의 모든 영역에서 배워야 할 '선진국'이라 인식되었던 것은 분명하며, 문화 수용을 지배하던 극단적인 실리주의의 결과로 일본인이 서양인으로부터 배운 것은 대부분 당장 실익이 있는 대상으로 한정되어 있었습니다. 따라서 그런 기술을 익히는 일본인에게 서양 유학은 출세가 보장된 계단에 한 발 올라선 것이었고 생활 면이나 정신 면에서도 아무런 본질적인 모험의 요소가 없었습니다.

즉 그들은 선발된 수재로서 일본 사회로부터 생활을 보장받았고, 미래에 대해 황금빛 꿈에 취했을 뿐 아니라 자신이 전공하는 산업, 군사, 정치 지식(서양에서 일본으로 가져오려 했을 테지만)의 일본 사회에 대한 유용성에 대해서도 의심을 하지 않았으므로, 서양은 그저 그들의 안전한 출세를 위한 여정의 중요한 계단으로서의 의미밖에 없었습니다.

그러나 가후에게는 해외 경험 자체가 그의 삶과 정신의 큰 위기였고 그 위기를 끝까지 살아낸 것이 바로, 동시대로 보아 그의 청춘이 이례적인 성숙을 이룬 비결이었을 것입니다.

—나카무라 미쓰오, 『작가의 청춘』

제6장
번역 문장

●

　요즘은 일본 문학이 외국에 소개되는 경우가 많다. 사이덴스티커E. G. Seidensticker가 번역한 다니자키 준이치로의 『여뀌 먹는 벌레』『세설』과 가와바타 야스나리의 『설국』, 이반 모리스Ivan Morris가 번역한 오오카 쇼헤이大岡昇平의 『들불野火』은 명역名譯이라 불린다. 또 뛰어난 일본 문학 번역자이자 가장 개성적인 일본 문화 연구자인 도널드 킨Donald Keene에 따르면 일본인이 쓴 영어 문장의 최고봉은 오카쿠라 덴신岡倉天心의 『차의 책The Book of Tea』이라고 한다. 킨은 이 책의 영어 문장을 오카쿠라 덴신이 교양을 쌓았던 보스턴 사교계의 고풍스러운 고급 영어라고 평했는데, 아쉽게도 특수한 경우를 제외하고 일본인이 외국어로 번역한 일본 문학의 명역은 거의 없다. 일

제6장 번역 문장

본 근대문학이 최근에서야 비로소 해외에서 높은 평가를 받고 있으므로 이것은 하나의 과도기적 현상일지도 모른다. 조만간 일본인이 충실히 영어로 번역한 일본 문학이 환영받는 날이 올지도 모른다.

실제 일본에서도 번역 초창기에는 다소 오역이 있더라도 매우 일본어다운 의고체나 한문 혼용 문장으로 일본인 취향에 맞춰 번역된 것이 환영을 받았다. 그러다 후타바테이 시메이 때부터 점차 독특한 서구적 분위기를 가진 문체가 일본어로 만들어지기 시작해, 번역의 발전과 더불어 번역 투라는 기묘한 직역 투가 만연하면서 점점 악화가 양화를 구축하듯이 번역 문체가 상당히 흐트러지고 조악해졌다. 한편으로 성실한 어학의 달인이자 문학적 재능이 풍부한 사람들이 어학적으로도 정확하고 문학적으로도 뛰어난 번역을 잇따라 내놓으면서 점차 번역문과 일본어의 융합이 이루어졌다. 오늘날에는 일본어 문장 자체에 번역 투가 침투해 있어서 사람들이 번역문을 일본어로서 읽는 지경에 이르렀다는 사실은 제1장에서도 서술한 대로다.

그런 점에서 볼 때 외국에서의 일본 근대문학 번역은 아직 역사가 깊지 않아서 일본적 사고방식이 외국어로 수용될 만한 침윤성이 없었고, 겨우 소개하는 단계였기 때문일지도 모른다. 아직 판단하기에 이르지만 내 경험으로도 외국 출판사나 독자들이 얼마나 번역문의 영어로서의 아름다움을 중시하는지를 깨닫게 되었다.

　서구의 사고방식과 일본인의 사고방식의 차이나 가와바타 야스나리의 문장 같은 미묘한 일본어 문장이 외국어로 옮겨질 수 있느냐 하는 문제 등, 그런 모든 걸 뛰어넘어 영어 문장이 좋아야 번역 역시 가치가 있다고 생각한다. 그 좋은 증거가 일본에서는 외국 문학을 공부하려는 태도로 접근하기 때문에 번역 소설은 아무리 이상한 이류 문학이라도 주석을 자세히 달아 일본인들에게 익숙하지 않은 말을 일일이 주석으로 확인하는 식이다. 그런데 외국 출판사는 소설책의 주석을 싫어한다. 주석 없이 어떻게든 이해시키는 게 소설 독자에 대한 예의라는 것이다. 이 역시 하나의 견해지만 다니자키나 가와바타의 문장에 일본적인 특수한 풍습이나 생활 습관이 얼마나 많이 나오든 아무 주석 없이 독자에게 충분히 이해시킬 수 있는 것은 번역자의 능력에 달렸다는 인식이 있다. 이러한 태도는 소설을 예술 작품으로 보는 태도에서 비롯된 논리적 필연이고, 번역된 소설이 그 나라의 국어로 된 하나의 예술 작품이어야 한다는 것이다. 따라서 어학적 정확성이나 학습을 위한 텍스트로서의 편의성 같은 요소가 남아 있는 한, 소설은 문학작품으로서 독립되어 있다고 볼 수 없다. 외국에서 소설은 즐기며 읽는 대상이지 연구의 대상이 아니다.

　나는 어학자가 아닐뿐더러 외국어에 능통하지도 않다. 따라서 하나하나의 번역 내용이 오역인지, 문법적 오류인지 대개는 잘 판단하지 못한다. 물론 번역문이 너무 이해되지 않을 때는 오역일 거라고 단정해버릴 수도 있지만, 적어도 그 소설이나 시나 희곡의 전체적 효과가 손상된 번역은 아무리 어학적으로 정확하더라도 일본어로 읽었을 때 좋은 번역이라고 할 수 없다. 작품 전체의 효과가 얼마나 잘 재현되었는지가 중요하다.

이와 관련해서 번역에는 대조적이며 전형적인 두 가지 태도가 있다. 하나는 대개 개성이 강한 문학가의 번역에서 나타나는데, 어차피 외국 문물, 풍속이 완전히 그대로 일본어로 옮겨질 수 없다는 것을 알고, 자신의 강한 개성으로 외국 문학을 소화시킨 후 개성적인 색채로 물들이고, 나아가 원작자에 대한 자신의 생각과 감각 깊은 곳에서 비롯된 애정을 그대로 번역하여 마치 자신의 작품인 양 타성적인 번역문을 만드는 태도이다. 다른 하나는 정통적인 번역 방식이라고 인식되는 것인데, 도저히 불가능하겠지만 원문이 가진 분위기, 원문이 가진 독창성을 십 분의 일이라도 가능한 한 일본어로 재현하려는 양심적인 어학자적 태도와 풍부하고 깊은 문학 감상력을 가진 어학자적 재능을 겸비한 사람이 시도하는 번역이다. 후자로는 스기 도시오杉捷夫가 번역한 메리메P. Mérimée의 단편소설이 있는데 그 간결함과 일본어의 훌륭한 정확성은 시가 나오야의 문장에 가깝다고까지 할 수 있을 것이다. 또 전자의 대표적 번역 작품으로는 오가이의 『즉흥시인』 『파우스트』, 히나쓰 고노스케日夏耿之介의 『살로메』나 포의 시 번역, 진자이 기요시神西清의 『우스운 이야기들Contes drolatiques』의 편역, 사이토 이소오斎藤磯雄의 릴라당 번역 등이 있는데, 근본적 입장이 다른 두 번역문 중에서 선택을 해야 한다면, 결국은 일본 문학과 어깨를 나란히 하는 글, 일본 문학과 동등한 자격을 가지는 글, 이미 일본 문학의 보물로 내놓아도 손색이 없는 글이야말로 훌륭한 번역문이라고 할 수 있을 것이다.

일반 독자들이 번역문을 읽을 때는 이해가 안 되거나 문장이 서투르다면 바로 내던져버리는 태도가 원작자에 대한 예의이다. 일본어로 뜻이 통하지 않는 글을 그저 원문에 충실하다는 평판만으로 참고 또 참으며 읽는 순종적인 노예 같은 태도는 버려야 한다. 또 동시에 앞에서 서술한 두 가지 중 첫 번째 태도는 어떤 면에선 위험한 태도라 별로 개성도 없고 재능도 풍부하지 않은 번역자가 첫 번째 태도로 쓴 글은 멀리해야 한다.

우리는 자주 일류 외국 문학가가 번역한 너무나 읽기 싫은 문학청년 느낌이 나는 글을 보게 된다. 그들은 학자로서는 일류일지 몰라도 젊은 시절에 소설가나 시인이 되려다가 재능 부족으로 이룰 수 없었던 꿈을 번역 작업에 이입해서 외국의 우수한 작가들을 자신의 신기한 문학 취향, 미숙한 문학 취향, 동인지 수준의 불쾌한 문학 취향과 눈꼴사나

운 말투로 왜곡하고 훼손한다. 그러므로, 일류 학자 중에도 이런 문학청년 취향을 가진 사람이 있을 수 있으니 일류 학자가 번역한 일류 외국 문학이더라도 만일 문장이 편파적인 취향에 오염되어 있다면 얼른 곁에서 치워야 한다.

독자가 번역 문장을 읽을 때도 일본어와 일본 문학에 대한 교양과 훈련이 필요하다. 교양과 훈련이 상실되었을 때 번역 문장의 수준은 낮아져서 악문이 만연하고, 동시에 악화가 양화를 구축한다.

어학을 못한다는 것은 아무 문제도 아니다. 어학을 못한다고 해서 번역문에 꼬투리를 잡지 못한다면 그만큼 바보스러운 일도 없다. 번역문은 그래도 일본어이며 일본의 문장이다. 어학과는 관계없이 우리는 자신의 판단으로 좋은 번역문과 나쁜 번역문을 구별할 수 있다.

번역자가 자의적으로 얼마나 많은 외국 문학을 왜곡해서 전달했는지 그 해악은 헤아릴 수가 없을 정도다. 번역은 구십팔 퍼센트의 효용과 이 퍼센트의 해악이 있는 약품 같은 거라서 어떻게 릴케 같은 시인이 감상적인 작가로 소개되고, 지드가 서정적으로 소개되며, 한스 테오도어 슈토름을 비롯한 낭만파 작가가 특유의 역설과 아이러니를 말살당하고 소녀 취향의 독서물로 소개될 수 있었는지 이해할 수가 없다.

그러나 한편으로는 훌륭하고 바르게 소개된 외국 문호도 많으니 모든 번역을 싸잡아 말할 수는 없다. 내가 번역문을 규탄하고 있기는 해도, 번역문의 발달이 현대 일본어의 풍부함과 문장 표현의 풍성함에 큰 영향을 주었다는 사실은 제1장에서 역설한 바 있다.

첫 번째 태도와 두 번째 태도를 가장 대조적으로 예시하기 위해 에드거 앨런 포의 『어셔가의 몰락』에 나오는 시 번역을 두 가지로 살펴보겠다. 전자는 히나쓰 고노스케가 의고체를 구사해서 쓴 현란한 명역이며, 후자는 매우 정통적 태도로 번역된 것이다.

> 그러나 요괴는 슬픔의 옷으로 속이고
> 군주의 옥좌를 덮치니,
> 아아 애처롭도다 어찌 근심스럽지 않으리오.
> 내일 뜨는 태양 빛을 보지 못하리니.
> 옛날 찬란히 꽃피운 영광의 성문도
> 지금은 아득한 옛 시대의 일이런가
> 어렴풋한 한바탕의 옛이야기가 되어버렸네.
>
> 지금 이 계곡을 지나치면
> 형형히 빛나는 성벽 활 구멍 너머로
> 어지러운 음악의 선율이
> 환청인 양 굼실거린다
> 거대한 그림자를 볼 수 있으려나,

흘러 떨어지는 급류같이 창백한 문으로 끊임없이

무서운 무리가 뛰어나오니

그 웃음 소란하지만 미소는 그치고 없다.

―하나쓰 고노스케 번역

그러나 재앙의 신이 슬픔의 옷을 입고

주군의 궁전을 공격하였다

(슬프도다, 영락한 나의 주군이여, 다시는 해를 보지 못하리)

그토록 궁전을 에워싸던

꼭두서니빛 영광도

안개로 뒤덮여버린

오랜 옛날의 이야기.

지금 계곡에 다다른 사람들은

붉게 빛나는 창에서

시끄러운 음악 소리에 끌려

어렴풋이 흔들리는 형상의 그림자를 보네.

이렇게 다시 일찍이 무시무시한 강물처럼

창백한 문을 지나서

두려운 그림자 무리 영원처럼 춤추며 쏟아져 나와

비웃기만 할 뿐 그러나 미소 짓지 않네.

―다니자키 세이지 번역

이 성관城館에서 두 연인은 신비한 육체와 정신이 결합하는 관능적이고도 부정한 환희의 바다에 몸을 담갔다! 그들은 뜨거운 욕망과 전율과 광란의 애무 속으로 끝없이 빠져들었다. 두 사람은 서로에게 존재의 맥박이 되었다. 둘의 영혼은 후회 없이 육체를 관통했기에 그 모습은 영적으로 보이고, 불타는 입맞춤은 형이상학적인 융합 속에 두 사람을 결합시켰다. 긴 황홀감이라니! 갑자기 마법이 풀렸다. 무서운 변화가 그들을 갈라놓았다. 팔이 풀렸다. 어떤 원혼이 그렇게 사랑하는 죽은 이를 빼앗아 갔을까? 죽은 이! 아니다. 첼로의 영혼은 현이 끊어지는 찰나의 외침으로 사라져버리는 것일까?

　몇 시간이 지났다.

　그는 유리창 너머로 넓은 하늘로 다가오는 밤을 바라보았다. '밤'은 그에게는 **인간의 모습으로** 나타났다. ―그 '밤'은 귀양 땅으로 우수에 잠겨 걸어가는 여왕 같았고, 긴 상복의 다이아몬드 단추처럼 저녁별 하나가 홀로 나뭇가지 위에 빛나다가 넓은 하늘 저 멀리 사라졌다.

　　―빌리에 드 릴라당, 『잔혹한 이야기』, 사이토 이소오 번역

　이렇게 말하며 여전히 주임원사는 시계를 아이의 창백한 뺨 가까이 가져가 거의 닿도록 했다. 시계를 갖고 싶은 마음과 자신이 숨긴 사람에 대한 의리를 두고 마음속에서 일어나는 싸움이 아이의 얼굴에 그대로 드러났다. 살이 드러난 가슴은 격렬

히 물결치고 당장이라도 숨이 막힐 것만 같았다. 시계는 좌우로 흔들렸다. 빙글빙글 돌았다. 가끔 아이의 코끝에 부딪혔다. 아이의 오른손이 조금씩 시계 쪽으로 올라갔다. 손끝이 시계에 닿았다. 시계의 무게가 이제 완전히 아이의 손에 실렸다. 주임원사는 아직 시곗줄 끝을 놓지 않는다.

 ····문자판은 하늘색이다. ····옆면은 잘 닦여 있다. 햇빛에 반사되어 마치 불처럼 반짝이고 있다. ····유혹은 굉장히 강했다.

포르투나토는 이제 왼손을 들었다. 엄지손가락으로 어깨 너머 자신이 기대고 있던 건초 더미를 가리켰다. 주임원사는 바로 알아차렸다. 그는 시곗줄 끝을 놓았다. 포르투나토는 이제 혼자서 시계를 들고 있다는 것을 느꼈다. 아이는 사슴처럼 잽싸게 일어나서 건초 더미에서 열 걸음 정도 물러섰다. 병사들은 즉시 건초 더미를 밀어뜨렸다.

금세 건초가 부스스 움직이기 시작했다. 피투성이 남자가 단도를 들고 나타났다. 그는 일어나려고 했다. 그러나 굳어버린 상처의 고통을 이기지 못하고 다시 쓰러졌다. 주임원사는 그에게 달려들어 단도를 빼앗았다. 저항한 보람도 없이 금세 손을 뒤로 묶이고 말았다.

—프로스페르 메리메, 『마테오 팔코네』, 스기 도시오 번역

제7장
문장 기교

인물묘사—외모

프랑스의 고전 시대에는 인물평portrait이라는 문학 장르가 있었다. 간소한 필치로 사람들의 풍모와 성격을 묘사하는 것이었는데 살롱의 즉흥적 오락거리로 즐기면서 인물을 비평하는 눈이 얼마나 정확한지 서로 겨루었다. 라 브뤼예르J. de La Bruyère의 『성격론Les caractères de Théophraste』은 인물평의 고전이다.

우리가 언어를 구사해서 문장을 쓰려고 할 때 언어 그 자체가 사회적 기능을 갖기 때문에 타인의 외모를 서술하는 것이 최대 관심사가 된다. 이름은 그때를 위해 존재하며 우리는 외모와 이름으로 그 인물을 동일시identification한다. 만일 이름이 떠오르지 않으면 "그 남자, 뚱뚱하고 머리 벗겨진 코끼리 눈을 한 그 남자 말이야"라고 한다. 그래도 모르면 "생각 안 나? 언제 너랑 같이 봤는데. 그때 괜히 큰 소리로 베토벤 음악에 대해 떠들어 댔었잖아. 베토벤 같은 건 알지도 못하는 주제에 말이야"라고 하듯이 내면이나 성격 묘사로 진행된다. 그래도 안 되면 그제야 비로소 그 인물과 자신의 관계가 상세히 설명된다. 그리고 인물에 대한 관심이 더 깊어질수록 그 인물을 분석하고 성격을 해부하고 깊은 심리까지 범위를 넓힌다. 이 모두를 통합해서 이름이라는 고유명사가 되는 것이다.

현실에서 우리는 인물을 이름으로 분류한다. 고유명사에서도 직업이 일종의 이름 기능을 한다. 국회의원이라거나 소설가라거나 야구 선수라거나 영화배우라거나, 그리고 직업의 분류에 따라 인물의 유형을 결정한 다음에 개성을 발견하려고 한다. 그러나 개성을 발견할 필요가 없는 부분에서는 유형 분류로 끝낸다. 그래서 우리가 사는 사회는 마치 풍경화 같아서 자신에게 가까울수록 밀도도 짙고 세부가 분명한 근경이 펼쳐지고, 멀수록 윤곽이 흐릿해지고 단색으로 칠해져서 유형과 보편화 너머로 멀어져 간다. 타인이 우리에게 다가옴에 따라 고유명사가 필요해지고(유명인은 모든 사람 가까이에 있다는 허구 위에 성립하므로 언제나 고유명사로 불린다), 이름은 수백 장의 명함을 정리하는 사이에 잊히지만, 그중에서 더 친한 이름이 우리 주위에 몰리고, 가장 친한 가족끼리 같은 성을 쓰고 부부 사이가 되면 '어이' 정도로 통하게 된다. 현실 생활을 도식화하면 그렇다.

그러나 문학작품에서는 갑자기 모르는 타인과 만난다. 현실에서 살인범과 만날 일은 거의 없지만 소설에서는 첫 페이지부터 살인범이 주인공으로 등장할지도 모른다. 그의 이름이 A라면 우리는 어쩔 수 없이 고유명사와 함께해야 한다. 그러나 그 고유명사에는 실체가 없다. 즉 현실에서는 실체가 있고 생활이 있고 자신과의 관계가 있고 나서야 비로소 고유명사에 의미가 생기는데, 소설과 문학작품의 고유명사는 먼저 이름이 있고 그 이름 뒤로 다양한 관계가 설정되어야 한다. 관계란 바로 독자와 주인공의 친근감이며, 제1장에서 서술한 것처럼 자신이 주인공에 몰입되어 생활하기까지에 이르는 독서가의 태도에서 요구되는 것이다.

소설에서는 아무리 심리적인 소설이라도 인물의 외모가 우리의 첫째 관심사가 된다. 흔히 심리소설에서는 인물의 외모가 거의 묘사되지 않는 경우가 많다. 인물의 외모가 불필요해서가 아니라 독자가 다른 방법으로 그 인물과 친해지고 독자의 상상에 따라, 독자의 취향대로 외모가 그려지도록 의도하기 때문이다. 인젠가 요고미쓰 리이치가 호리 다쓰오와 이야기를 하다가 "「도르젤 백작의 무도회」에 나오는 마오라는 여주인공 얼굴이 도무지 떠오르지 않아. 목소리는 이제 겨우 떠오르기 시작했는데"라고 한 일이 있다는데, 레몽 라디게Raymond Radiguet가 쓴 명작의 여주인공은 얼굴이 분명히 떠오르지 않아도 독자 안에 하나의 이미지로서 훌륭히 자리 잡고 있다. 여기에 소설의 비밀이 있다.

만일 외모의 중요도로 본다면 영화만 한 것은 없을 것이다. 영화는 사람의 얼굴, 복장 모두를 눈앞에 제시한다. 그리고 인물에 대한 좋고 싫음은 배역에 따라 미묘하게 차별되고, 사람들이 싫어할 만한 얼굴은 악역, 사람들이 좋아하는 얼굴은 좋은 역할에 적용한다. 그러나 영화를 볼 때 우리는 동시에 어떤 고정된 이미지를 강요당하고 있다는 느낌을 부인할 수는 없다. 상상력은 화면을 통해 명령되고 강제되어 일정한 틀에 끼워 맞춰진다. 예를 들어 마른 스타일의 여자를 좋아하는 남자가 풍만한 미인이 주인공으로 나오는 영화를 본다면 아무런 실감이 들지 않는다. 그래서 영화 분야에서는 살찐 여배우나 마른 여배우, 다양한 여배우의 풀을 확보하고 각각이 출연하는 영화를 할당하는 시스템이 있어서 관객은 영화보다도 배우에 따라 자신의 취향을 선택해 영화관에 간다. 이렇게 해서 영화의 스타 시스템이 생겨나는 것인데, 영화의 스타 시스템이란 영화가 관객의 상상력을 말살한 필연적 결과이며, 연극이 여전히 상상력의 여지를 많이 남기고 있다는 점에서 그만큼 스타 시스템을 요구하지 않는 것과 완전히 반대된다. 그러나 가부키의 스타 시스템은 다른 전통에서 나온 것이라 이것과 혼동하면 안 된다.

그러므로 문학작품에서 인물의 외모 묘사에는 영화 같은

완전히 시각적 인상 이외에 독자의 상상력이라는 요소가 중요하다는 것을 알 수 있다. 인간은 눈이 두 개 있고 코가 하나 있고 입이 하나 있다. 신이 인간을 만들 때 신기하고 미묘한 차이로 똑같은 얼굴이 없도록 한 것처럼 실은 엄밀히 말하면 소설에 한 인물이 등장할 때는 다른 누구와도 닮지 않은 인물이 거기에 등장해야 할 것이다. 그러나 그것은 불가능하므로 우리는 유형을 토대로 독자의 생활 경험에서 쌓인 인간의 외모에 대한 지식에 의지하고, 말에 의지해서 하나의 유형적 통합을 기도한다.

예를 들어 '그녀는 눈이 두 개 있고 코가 하나 있고 입이 하나 있었다'라는 외모 묘사가 있다고 한다면 유머소설이 아닌 이상 독자들은 실소를 터뜨리고 말 것이다. 그리고 소설가들은 흔히 '그녀의 눈은 아름다웠다. 모양이 예쁜 코에서 콧방울이 조금 오므라든 것이 여유롭지 못한 인상이었지만, 그것이 말할 수 없이 청초하고 조신한 느낌을 주었다. 자그마한 입에서는 어린아이같이 작고 고른 건강한 치아가 엿보였다'라는 식으로 쓴다. 이 글을 읽은 독자는 그녀의 얼굴을 아는 것 같은 기분이 들지만, 사실은 조금도 알지 못한다. 시험 삼아 그 얼굴을 그림으로 그려 보면 어떤 얼굴이 나올지 상상도 되지 않는다. 애초에 눈의 아름다움이라는 것에는 주관적 차이도 있고, 그것을 어떻게 묘사해도 충분할 수는 없다. 그러나 소설의 이점은 앞에서 말했듯이 독자의 상상력을 자극해 언제나 상상력의 여지를 남겨두고, 그 여지를 가지고 작가가 생각하는 대로 이끌어 가는 기교이다.

예전에 프랑스 영화감독 앙드레 카야트와 이야기를 나누다, 나는 연신 영화에 대한 소설의 우월성과 미래성을 역설하고, 영화에는 살찐 여자나 마른 여자가 나와서 영화사가 아무리 미인이라고 홍보를 해봤자 그녀들이 예쁘지 않다고 생각하는 완고한 관객을 설득할 수 없지만, 예를 들어 소설이라면 스탕달의 「바니나 바니니」처럼, '그녀는 로마 제일의 미녀였다'라고 쓰여 있기만 해도 독자들은 납득하며 그녀의 아름다움 앞에 굴복하지 않느냐고 한 적이 있다. 그러나 그것은 작자의 태도, 작자의 자질에 달려 있기 때문에, 발자크 같은 몽상가이자 현실주의자적인 천재는 인간의 얼굴을 말할 때도 그 얼굴에서 느껴지는 시적 인상을 섬세하고도 제멋대로 묘사해서 그것을 읽는 우리는 무슨 소리인지 알 수 없게 되어버리고 만다.

흐린 금빛 머리카락이 사람들의 시선을 끄는 그녀는 분명 이브를 떠올리게 하는 천상의 여인의 머리라 불리는 금발을 가졌고, 손이 눈을 시기해 직접 만져보고 싶을 만큼, 살 위에 실크 종이를 바른 듯 태양 빛이 닿으면 화려해지고 겨울이 되면 떨릴 듯 공단 같은 피부를 가진 여성이다. 황새 깃털처럼 가볍게 영국풍으로 말아 올린 머리카락 아래로 보이는 이마는 그야말로 청아한 형태를 갖고 있는데, 컴퍼스로 원을 그린 것같이 사려 깊은 빛으로 빛나며 항상 조심스럽고 고요하기 그지없어 평온함을 느끼게 한다. 이 이상 담백하고 이 정도로 투명한 명확함을 지닌 이마를 언제 어디에서 볼 수 있으리. 거기에는 진주 같은 광택이 감도는 것 같다. 어린아이의 눈동자처럼 맑은 청회색 두 눈은 활모양 눈썹 선과 조화를 이루고, 어린아이 같은 장난기와 순진함을 유감없이 보여주고 있다. 눈썹의 곡선은 중국화의 인물처럼 붓으로 그린 듯한 형태로 희미하게 보인다. 이런 재능과 지혜가 풍부해 보이는 천진난만함은 눈 주위와 눈꼬리와 관자놀이의 섬세한 피부 아래로 푸르게 그물이 짜인 것처럼 보이는 자개빛 색조에 의해 한층 더 두드러진다. 얼굴형은 라파엘로가 성모상을 그리기 위해 그토록 공을 들인 달걀형으로, 뺨 위의 짙고 순수한 벵골 장미처럼 감미로운 색 덕분에 특히 두드러져 보인다. 더구나 그 뺨 색 위에는 투명한 눈꺼풀의 긴 속눈썹이 빛과 뒤섞인 그림자를 드리우고 있다. 그때 목은 살짝 숙이고 있었는데 섬세하고 우유처럼 흰 목덜미는 레오나르도 다 빈치가 사랑했던 그 어둠 속으로 사라져버릴 듯한 선을 연상시킨다. 18세기 여인들이 얼굴에 찍었던 점처럼 몇 개의 작은 주근깨는 모데스트가 실제로 지상에 있는 여인이며, 이탈리아의 '천사 숭배자들'이 꿈꾸었던 그 생명체가 아니라는 것을 말해준다. 그녀의 입술은 약간 사람을 놀리는 것 같기도 하지만, 감각적이고 도톰한 입술은 관능적 쾌락을 보여주고 있었다. 유연하면서도 연약하지 않은 허리는 코르셋으로 병적인 압박을 가함으로써 겨우 아름다움을 얻는 여자들과 달리 '모성'에 대한 위협이 되지 않았다. 면이 섞인 실크며 강철이며 조임 끈은 바람에 흔들리는 어린 포플러나무의 우아함에나 비교될 만큼 우아하게 뻗었다가 굽는 선을 다듬을 뿐, 만들고 있는 것은 아니었다. 진홍빛 끈을 장식한 진줏빛 회색 로브는 몸의 윤곽을 점잖게 드러내고, 아직 다소 살집이 적은 어깨를 소매 없는 블라우스로 가렸는데, 그 덕분에 어깨에서 목덜미가 시작되는 부분의 둥근 굴곡밖에 볼 수가 없었다. 장밋빛 콧구멍을 가진 윤곽이 뚜렷한 그리스형 코의 섬세함이 잘 드러나고, 신비로운 이마에 자리한 시심詩心이 때로 입가의 관능적 표정 때문에 거짓을 폭로당하는 표정, 순진함과 모든 것을 다 아는 비웃음, 이것들이 변화가 풍부한 깊은 눈동자 안에서 서로 다투는 걸 보면, 관찰자는 세상 모든 소리에 눈뜨는 예민한 귀를 가지고, '이상'의 푸른 꽃의 향기를 맡기 위해 콧구멍을 열고 있는 이 젊은 여인이, 떠오르는 태양 주위에서 장난하는 모든 시와 낮의 노동 사이에, '환상'과 '현실' 사이에서 일어나는 싸움의 무대가 틀림없다고 생각했을 것이다. 모데스트는 호기심도 수치심도 강하고, 자신의 숙명을 아는 정숙한 아가씨였다. 라파엘로의 성녀라기보다 오히려 스페인의 처녀였던 것이다.

—발자크, 『모데스트 미뇽』, 데라다 도루 번역

나는 이토록 집요한 얼굴 묘사를 알지 못한다. 원래 자연주의 작가들은 객관성을 중시해서 과학적 진리를 신봉하고, 요컨대 인간의 외관이라는 것, 눈에 보이는 대로의 모습을 믿었다. 따라서 인물의 외모 묘사에 힘을 쏟았고 그러한 데생 솜씨는 절묘함의 극치를 이루고 있었다.

   샤를은 환자를 진찰하러 이층으로 올라갔다. 침대에 누운 환자는 이불을 덮어쓰고 땀범벅이 되어 있었고, 나이트캡은 멀리 날아가 있었다. 쉰 정도로 보이는 땅딸막한 사내는 흰 피부와 푸른 눈에 대머리였고, 귀걸이를 하고 있었다. 곁에 있는 의자에 큰 브랜디병을 놓고, 기운을 차리려고 가끔 따라서 마신 모양이다. 그는 의사가 나타나자 한순간에 흥분을 가라앉히고, 열두 시간이나 역정을 내던 사람이 맞나 싶을 정도로 연약하게 신음하기 시작했다.
                                    —플로베르, 『보바리 부인』, 요도노 류조 번역

   큰 몸집에 통통하고 애교가 많은 여자였다. 항상 문을 꼭 닫아두고 해가 들지 않는 집에만 있다 보니 안색은 창백했지만 그래도 호박 니스라도 바른 듯한 윤기가 흘렀다. 가발이나 붙임머리를 써서 곱슬거리는 머리카락을 살짝 이마로 내린 게 성숙한 모습과는 어울리지 않았지만 순진해 보이는 인상을 주었다. 항상 밝고 싹싹해 보였고 농담하는 것도 좋아했는데 새로

장사를 시작했어도 그녀에게는 아직 조신한 몸가짐 같은 게 남아 있었다. 사람들의 거친 말은 그녀의 감정을 상하게 했다. 우연히 버르장머리 없는 젊은 사내가 자신이 경영하는 집을 노골적인 이름으로 부르기라도 할라치면 몹시 화를 내는 그녀였다. 말하자면 그녀는 고상하고 우아한 영혼의 소유자였다.

—모파상, 『테리에 집』, 아오야나기 미즈호 번역

다니자키 준이치로처럼 관능적인 작가도 여자의 외모를 모든 면에서 집요한 터치로 멋지게 묘사했는데, 그 묘사는 자연주의 작가와 달리 어디까지나 관능의 대상으로 표현되어 독자가 무심코 혹해서 달려들 만큼 생생하고 동물적인 향기를 지닌 존재로 그려져 있다.

무거운 눈꺼풀 안쪽에 또렷하고 큰 안구가 돌아가는 게 보이고, 가지런히 난 속눈썹 그림자 아래로 남자를 밝히는 눈동자가 가늘고 음험하게 빛나고 있다. 무더운 방의 어둠 속에 도톰하고 높은 코와 민달팽이처럼 축축한 입술과 입체적인 얼굴 윤곽과 머리카락이 또렷이 떠올라 사에키의 병적인 관능을 흥분시켰다.

—다니자키 준이치로, 『악마』

사람의 표정은 시시각각 감정에 따라 변화하고 첫인상은

두 번째 인상에서 바뀌기 쉬우므로 같은 얼굴이 다르게 보이는 일도 자주 있다. 소설가가 소설의 흐름, 특히 시간의 경과가 중요하게 다뤄지는 소설의 흐름에서, 이 변화를 간과할 리가 없다. 다니자키도 여자 얼굴의 이러한 변화를 적었다.

> 솔직히 말하면 그는 그 여자의 얼굴을 첫눈에 한 번 보았을 때는 꽤 예쁘다고 생각했다. 그러나 곰곰이 뜯어보다가 여기저기서 흠결을 찾아내고 미인 축에 끼지 못한다고 느끼기 시작했다. 그저 호리호리하고 목이 길고, 허리가 잘록하고, 엉덩이가 크고, 다리가 긴 서양 여자가 일본 전통 옷을 입은 것 같은 느낌이 드는 전체적인 몸매가, 미인인 것처럼 사람 눈을 속일 뿐이고 광귤처럼 둥근 얼굴의 이목구비를 하나하나 뜯어보면 어디 하나 장점이 없다. 코는 높지만 들창코이고, 눈썹은 가늘고 꼬리가 경박하게 내려가 있고, 몹시 붉고 얇은 입술은 상스럽게 크게 찢어진 데다가 초승달 모양으로 위로 치켜 올라가 있어 나쁘게 말하면 고깃집 여종업원 중에도 이 정도 외모는 얼마든지 있다. 게다가 아무리 배우라 해도 아직 어린데 젊은 남자를 상대로 되바라진 농담을 하고 있는 게 몹시 닳고 닳은 것 같아 기쿠무라는 마음에 들지 않았다.
> ―다니자키 준이치로, 『통곡의 문』

이런 인물의 외모 묘사는 자연주의 작가냐 아니냐에 상관

없이 작가의 강한 주관에 뒷받침된 강력한 느낌과 그 느낌을 독자에게 전달할 때 독자의 상상력을 얼마나 자극하느냐에 달린 문제이다.

•
인물묘사—복장

 사람의 인상은 얼굴뿐 아니라 복장, 사소한 버릇, 걸음걸이 등 다양하고 전체적인 느낌으로 정해지고, 그 사람 전체의 분위기를 형성한다. 물론 그것이 집약적으로 나타나 있는 게 얼굴인데, 소설가가 얼굴을 묘사할 때는 단순한 오브제로 얼굴을 그리는 것이 아니라, 인물의 전체적 인상을 파악하도록 공을 들인다는 걸 쉽게 엿볼 수 있다. 문학은 어떤 디테일이든 생생히 그려내어 작자 마음대로 상세히 인물묘사를 할 수 있으므로 마음만 먹으면 얼굴에서 시작해서 복장 구석구석에 이르기까지, 또 사소한 버릇이며 걸음걸이며 손동작까지 그려낼 수 있다. 그중에서도 특히 중요한 것은 여성의 복장인데 메이지 시대까지 소설에는 여성의 복식미에 관한 소설가의 식견이 언제나 드러나 있어야 했다.

    가운데 방에 여러 사람이 둘러앉은 기둥 쪽에 자리를 잡고, 무겁게 틀어 올린 머리에 연보랏빛 리본을 매고 검붉은 비단 하오리 차림으로 사람들이 떠들어 대는 모습을 시원스러운 눈매로 흥미롭게 바라보며 홀로 단정히 앉아 있는 아가씨가 있었다. 차림새부터 생김새까지 눈에 띄고, 차림새도 얼굴도 아름답고 표정도 이만저만하게 애교가 넘치는 것이 아니라, 처음 그녀를 보는 사람은 하나같이 웃음을 파는 여자가 아닌가 의심하였다. 첫 번째 승부가 끝나기 전에는 미야라는 그녀의 이름을 거의 몰랐다. 다른 아가씨들도 많이 있었다. 애 보는 하녀가 남의 옷을 빌려 입은 것 같거나, 익살극에 나오는 여배우로 착각할 만한 옷을 입고 온 꼴불견 아가씨들도 있었다. 와중에는 남들보다 몇 배나 잘 차려입은 사람도 있었다. 옷차림이 미야보다 멋진 사람은 많았다. 그녀는 그런 면에서는 중간 정도에 불과했다. 귀족원 의원의 딸이라는 아가씨는 얼굴이 몹시 못생겼지만 가장 예쁘게 차려입었다. 딱 바라지고 솟은 어깨에 가문을 넣은 비단옷을 세 겹 겹쳐 입었는데 자주색 띠에는 금색 실로 백합꽃 가지를 수놓았고, 사람들은 눈이 어지럽고 의기소침해져 눈살을 찌푸렸다.

—오자키 고요, 『금색야차』

여성의 복식미는 소설가가 지녀야 할 교양의 일부가 되기도 하고, 또한 소설에 나오는 화려한 볼거리의 일부이기도 했다. 인물묘사에 필수적인 요소는 아니었지만, 한 시대의 취향 중에서 좋은 취향이라고 생각되는 것, 나쁜 취향이라 생각되는 것, 옷에 두르는 띠의 취향, 띠를 묶는 취향, 이런 것들 하나에도 좋은 취향과 나쁜 취향이 완전히 구분되던 시대에는 작중 인물의 선악, 복장에 관한 그 사람의 성격적 특성 등을 복식 묘사를 통해 쉽게 표현할 수가 있었다. 동시에 독자가 소설 작자에게 취향의 달인, 생활의 미학자이기를 요구하고, 작자는 이에 부응하면서 이런 세세한 부분까지 자신의 교양의 깊이를 자랑할 수 있었다.

그러나 현대와 같이 취향이 많아지고, 좋은 취향과 나쁜 취향이 뒤섞이고 복장 자체에도 혁명적 변화가 일어나는 시대에 소설 속의 복식 묘사는 대부분 무의미해졌다. 예를 들면 한 멋쟁이의 옷의 취향에 관한 다음의 묘사가 현대에 얼마나 시대착오적으로 보이는지 알 수 있다.

실제로 가지(耀)는 아직 서른하고도 서너 살을 넘지 않은 연배로, 태어났을 때부터 사교계에 평판이 자자한 사람 손에서 자란 때문인지 의식주에 관해서는 최고 수준의 취향을 가졌는데, 이미 일반인이 보기에는 이상할 정도로 취향을 유지하는 생활에 몸과 마음을 쏟아부었다. 나나에가 생각해도 저러다가는 옆에 있는 사람도 힘들겠지만 자기 자신이 힘들 것 같았다. 어느 정도인가 하면 표백한 무명으로 만든 깃 없는 속옷을 하루에 서너 번 갈아입는 것은 보통이고, 버선은 일부러 유키 지역의 비단을 손바느질로 짓는데 심지어 옷과 같은 천을 댄 것이 아니면 마음에 들어 하지 않았고, 손수건도 하녀가 빠는 게 눈에 차지 않아, 직접 약간 큰 모시 천을 유리에 붙여 펴지 않으면 성에 차지 않았다. 옷에 관해서도 역시 보통이 아니라 일단 포목전에서 끊어 온 옷감을 하녀에게 홑겹 바느질을 시켜 그날 밤에 바로 잠옷으로 입은 뒤에 열흘이나 스무날이 지나 기름이 천천히 배기 시작하면 하녀에게 부들부들하게 빨게 하고, 그제야 비로소 교토로 보내 판판히 펴는 작업을 한 뒤 재봉사에게 맡긴다. 그러면 그에게는 적당히 중고가 된 상태가 되어 마음에 흡족한데, 긴 속옷의 경우는 한층 더 까다롭게 공을 들인다. 흰 비단도 반드시 무지를 고집하는 것은 다른 보통 멋쟁이들과 다르지 않지만, 소매와 옷의 안단은 검은 천을 덧대고, 몸통은 옥색을 사용하는데, 더욱이 그 색이 가부키에서 간페이가 입는 옥색이어야 하니 이만저만 까다로운 것이 아니다.

—요코미쓰 리이치, 「잠자는 뜰」

그러나 여성의 복장은 명칭만 하더라도 탐미적인 일본 전통 양식에서 멀어지고 서양 복장의 전성시대가 와서 패션잡지에 나오는 어휘들, 예를 들면 색 드레스$^{sack\ dress}$라거나 타이트 스커트라거나 그리고 원단이나 색상에 이르기까지 어설픈 외국어 명칭이 범람한다. 만일 그런 것들을 메이지의 소설처럼 많이 반영해야 한다면 몇 페이지는 외래어로 가득 차게 될 것이다. 그래서 우리는 소설을 쓸 때 서양식 옷의 묘사를 피하는 경향이 있는데, 복식 묘사에 쓸데없이 집중하게 되면 문장까지 경박해져버리는 경향이 있기 때문이다.

특히 여성의 복식미나 여성의 소지품에 관해 소설가들은 독자와 공모해서 페티시적인 흥미를 갖는다. 외국에는 구두 페티시즘이라는 게 있는데 하이힐의 경우 단순한 구두의 묘사뿐 아니라 그 하이힐을 통해 간접적인 에로티시즘을 풍기는 것이다. 여성의 묘사가 여성의 실체나 성격, 기질이나 인물로서의 현실성을 떠나서 의상이나 소지품 같은 사소한 것에 미칠 때, 그것은 마치 수용소나 벽지의 병영 생활에서 형성되는 여성에 대한 관념과 마찬가지로 일종의 상징적이고 에로틱한 여성을 표현하고, 이는 소설 묘사에서 중요한 요소가 된다.

그러므로 인물묘사도 구체적인 인물을 지시하는 것부터 상징적이고 간접적인 인물묘사에 이르기까지 다양한 뉘앙스가 있다고 할 수 있겠다. 희곡에서는 마지막까지 무대에 등장하지 않는 인물에 대해 끝없이 대화를 나누는 기법을 쓰기도 하고, 소설 『레베카』처럼 이미 죽은 여자를 둘러싸고 이야기가 그녀 주위를 맴돌며 전개되기도 한다. 이런 경우의 인물묘사가 보통의 인물 데생과 달리 심리적인 맛을 띠는 건 당연하다. 릴라당의 소설 「베라」(『잔혹한 이야기』 중 한 편)나 포의 소설 「리지아」 등은 모두 죽은 여자가 소설의 주인공이다.

●

자연묘사

　풍경묘사에 관한 한 일본 작가는 세계적으로 뛰어난 고수라고 할 수 있다. 풍경 속에 작은 인물들이 배치되는 동양화처럼 인간과 자연이 대립하지 않는 동양적 세계에서는 풍경묘사가 인물을 압도하는 힘을 가지면서 때때로 문학작품에 등장한다. 외국 문학에서는 특수한 기행문을 제외하고 풍경이 두드러져 소설의 독특한 매력이 되는 일은 그리 많지 않다. 스탕날의 작품에 가끔 나타나는 간결한 자연묘사는 일본의 자연묘사와 성질이 전혀 다르다. 나는 지금 북유럽 작가 야콥센J. P. Jacobsen의 『모겐스』(「여기에 장미가 있다면」 수록) 등에서 보이는, 갑자기 쏟아지는 비 묘사에서 일본적 자연묘사와 비슷한 걸 느낀다.

숨이 막히도록 무더운 날이었다. 대기는 열기로 달아올랐고 주위는 아주 조용했다. 나뭇잎들도 늘어질 대로 늘어져 움직이는 거라고는 쐐기풀 위의 무당벌레와 햇빛에 몸부림치듯 풀밭에서 둥글게 말리는 시든 나뭇잎 정도였다.

그리고 떡갈나무 밑의 젊은 남자. 그는 바닥에서 뒹굴며 숨을 헐떡이면서 슬프고 절망적인 눈으로 하늘을 쳐다보았다. 그는 멜로디 하나를 흥얼거리다 말고 이번에는 휘파람을 불다가 그것도 바로 멈춰버렸다. 그리고 여러 번 뒤척이곤 완전히 말라 회백색이 된 두더지 언덕을 멍하니 바라보았다. 갑자기 회백색 흙더미 위에 작고 둥근 검은 반점이 하나, 또 하나, 셋, 넷, 그리고 차례차례 나타나서 작은 언덕 전체가 짙은 회색으로 변했다. 공기는 몇 줄기 긴 검은 줄에 관통되었고 나뭇잎은 끄덕이며 흔들리기 시작했다. 소란스러운 소리와 함께 뭔가가 끓어올라 튀듯 물방울이 튀더니 이윽고 폭포처럼 하늘에서 쏟아져 내리기 시작했다.

모든 게 반짝이고, 빛나고, 물방울을 튀겼다. 나뭇잎과 나뭇가지, 나무줄기, 모든 것이 젖어 반짝였다. 흙과 풀, 울타리 발판 위로 떨어지는 물방울은 수천 개의 아름다운 진주가 되어 흩어졌다. 작은 물방울은 잠시 매달렸다가 큰 물방울이 되어 떨어졌고, 다른 물방울과 만나 작은 물줄기가 되고, 작은 고랑으로 흐르더니, 큰 구멍으로 흘러가서 작은 구멍으로 다시 나오며, 그렇게 나온 물줄기는 먼지와 톱밥, 나뭇잎 같은 것들을 신고 내려가다가 일부를 바닥에 내려놓았다. 싹이었을 때 이후로 뿔뿔이 흩어졌던 잎들은 젖어서 다시 붙었다. 말라붙었던 이끼는 물을 먹어 부드럽게 윤기 있는 초록색으로 변해갔다. 마치 담배처럼 변해 말려 있던 지의류는 사랑스러운 귀를 펼치고, 양단처럼 도톰해져서 비단같이 빛났다. 메꽃은 흰 화관을 한껏 펼쳐 서로 부딪치며 쐐기풀의 머리 위로 물을 흘렸다. 통통한 검은 달팽이는 편안하게 기어가더니 기쁜 표정으로 하늘을 보았다. 그런데 그 젊은이는 뭘 하고 있을까? 젊은이는 모자도 쓰지 않고 소나기 속에 서서, 머리카락과 눈썹, 눈, 코, 입에 고스란히 비를 맞으며 가끔 손가락으로 비를 튕겨내며 춤이라도 추듯이 가끔 다리를 들어 올렸고, 머리카락 속에 물이 고이면, 머리를 흔들고 소리를 높이며 노래를 불렀다. 완전히 비에 마음을 빼앗겨 무슨 노래를 부르는지도 알지 못한 채.

—야콥센, 「여기에 장미가 있다면」, 야마무로 시즈카 번역

순전히 서구적 개념에 따르면 인간이 자연을 정복하면서 자연과 인간은 항상 대립하고 종교 역시 자연의 힘에 대항하기 위해 형성되었던 것이므로, 이런 의미에서 서양적 소설에 인간적인 자연묘사는 있어도 인간이 자연에 감싸인 듯한 자연묘사는 적다. 오히려 북유럽 작가나 러시아 작가의 작품에서 일본의 자연묘사에 가까운 것들이 발견되는 건 당연하다. 프랑스의 자연주의 작가들은 기교를 많이 구사하며 자연

묘사를 하는데 어디까지나 소설의 곁들임 재료로 들어가므로 자연묘사가 독립된 힘을 발휘하지는 못한다.

일본 소설에서 유명한 자연묘사는 시가 나오야의 『암야행로』 후편의 마지막 부분일 것이다.

동틀 녘 풍경의 변화는 매우 빨랐다. 잠시 후 그가 돌아보았을 때 산꼭대기 저편에서 끓어오르듯이 주황색 서광이 올라왔다. 순식간에 짙어졌다가 이윽고 바래기 시작하자 주위가 갑자기 밝아졌다. 억새는 평지에서 자란 것치고 짧았고 곳곳에 야생 땅두릅이 자라 있었다. 여기저기에 꽃이 핀 땅두릅이 한 줄기씩 멀리까지 군데군데 자라 있는 게 보였다. 그 외에도 마타리, 오이풀, 원추리, 강아지풀 같은 것도 억새와 섞여 자라 있었다. 작은 새가 지저귀면서 던진 돌처럼 활모양을 그리며 그 위를 날아 다시 억새 속으로 들어갔다.

나카노우미 호수 너머로 바다에서 튀어나온 산들의 꼭대기가 물들면, 미호노세키의 흰 등대도 햇빛을 받아 선명하게 떠올랐다. 얼마 후 나카노우미 호수에 있는 다이콘지마 섬도 햇살이 비쳐 노랑가오리를 덮은 듯 평평하고 크게 보였다. 마을의 전등은 꺼지고 그 대신 흰 연기가 군데군데 보이기 시작했다. 그러나 산기슭 마을은 산그늘 때문에 먼 곳보다 오히려 어둡게 잠겨 있었다. 겐사쿠는 갑자기 지금 보고 있는 경치에 자신이 있는 이 다이센 산이 뚜렷한 그림자를 드리우고 있다는 걸 알아차렸다. 그림자의 윤곽이 나카노우미에서 육지로 올라오자 요나고 마을이 갑자기 환해졌다는 것을 비로소 깨달았는데 멈추지 않고 마치 후릿그물처럼 끌려왔다. 땅을 훑고 지나가는 구름의 그림자와도 비슷했다. 주고쿠 지방에서 가장 높고 뚜렷하고 강한 선을 가진 이 산의 그림자를 그대로 평지에서 볼 수 있는 것은 드문 일이라 겐사쿠는 일종의 감동을 느꼈다.
―시가 나오야, 『암야행로』

호리 다쓰오의 『아름다운 마을美しい村』은 인물이 자연의 그늘 사이로, 마치 붉은 나무 열매가 우거진 나뭇잎 뒤로 보일 듯 말 듯 하는 신기한 소설이라 호리의 눈에 비친 정교하고 인공적인 자연이 이 소설의 음악적 주제를 이루고 있다.

그 마을의 북동쪽에 고개가 하나 있었다.

그곳의 구도로에는 전나무와 너도밤나무가 어두컴컴할 정도로 울창하게 우거져 있었다. 그리고 나무들의 나이 든 줄기에는 등나무 덩굴, 머루, 으름덩굴 같은 덩굴풀이 그야말로 복잡하게 얽혀서 번져 있었다. 내가 처음 그런 덩굴풀에 관심이 생긴 건 등나무 꽃이 뜻밖에도 전나무 가지에 매달려 있는 걸 보고 놀라서 그 뒤부터 겨우 전나무에 얽혀 있는 등나무 넝쿨을 알아차렸기 때문이다. 그러고 보니 그런 식의 등나무 넝쿨이 얼마나 많은지! 그렇게 등나무 넝쿨에 얽혀 있는 전나무가 전보다도 커져서 그 집요한 넝쿨이 완전히 나무껍질에 박힌 탓에 괴롭게 몸부림치는 나무를 바라보다 보면 나는 으스스한 기분이 들어 견딜 수 없을 정도였다.

―호리 다쓰오, 『아름다운 마을』

가지이 모토지로의 소설은 뛰어난 자연묘사로 가득한데 앞에서 인용한 「푸른 하늘」도 그중 하나이다. 일본의 문학가가 자연에 깊이 몰입하게 되면 자연묘사는 저절로 상징성이 높아져서, 서양 문학의 인물묘사보다 나으면 나았지 결코 못하지 않은 독립된 가치를 갖게 되었다. 자연주의적 자연묘사와는 완전히 대조적이다. 다케다 다이준의 「유배지에서流人島にて」의 거친 남쪽 바다의 묘사는 이 단편소설 전체를 자유롭고 기괴한 문인화로 만들고 있다.

문주란의 열매를 바위 모서리로 내던지며 나는 도모지로 가는 걸음을 서둘렀다. 이미 나무도 풀도 없는 바위의 군집에 다다랐다. 깊고 험준한 바위의 갈라진 틈으로 파란 열매가 기세 좋게 튕겨 올랐다가 다시 떨어졌다. 내려갔다가는 금방 올라오고 엄니를 드러내고 버티고 서 있다가는 갑자기 낮아지는 암벽층의 끝자락, 구부러져서 서로 달라붙었다가 다시 번덕스럽게 떨어지려는 바위 줄기 어딘가에, 게누마는 소중히 아끼는 카누를 숨겨두었다. 견고한 암반을 몇 개쯤 넘으면, 생긴 지 얼마

안 된 암석 진열장이 나타난다. 그곳은 요고로나 긴지로, 다메토모, 아니 이 섬의 모든 유배자들이나 섬 주민들이 살기 훨씬 전부터 이미 만들어져 있던 정원, 해저화산의 폭발로 용솟음쳐 올라간 용암의 유적들이었다. 파도 모양으로 자유를 얻은 암석, 광물 형태로 밀려 올려진 파도이다. 바위 협곡의 바닥에 다다르면 높은 파고도 보이지 않았다. 바다는 몇 겹의 기암 건너편에서 아쉬운 듯 일렁거릴 뿐이었다. 젖은 모래알이 손끝에서 떨어져 만들어진 모래탑. 고양이에게 잡아먹히고 버려진 쥐의 복부. 그 외에도 어떤 식으로든 형용할 수 있을 듯한 암석 군집은 고전적인 아름다움으로 자연의 흥분 상태의 오르내림을 보여주고 있었다.

—다케다 다이준, 「유배지에서」

이 소설은 이야기보다 자연묘사가 소설의 가치를 결정짓고 있으므로 발자크의 단편소설에서 자연묘사가 이야기의 효과를 위해 집약적으로 사용되는 것과는 반대의 성질을 가지고 있다고 할 수 있을 것이다.

따라서 자연묘사와 소설의 관계까지 생각해볼 필요가 있는데, 소설은 어디까지나 인간관계의 이야기이며 소설의 발생 과정이 원래 반자연적인 것이므로 내가 전에 일본 소설이 소설보다 시에 가까운 요소를 많이 갖고 있다고 말한 건 이런 자연묘사의 특수성과도 관련이 있다. 제1장에서 인물묘사에 대해 몇 가지 인용을 했는데 어떤 인용에서 독자는 마치 인물이 자연처럼 묘사되어 있다고 느낀 적이 있을 것이다. 인간 생활의 시간적 지속, 변화, 파탄 등과 같은 역동적인 요소보다 자연의 정적인 상징적인 요소가 일본 작가에게 지금도 역시 강한 흡인력을 발휘하는 것이다. 나는 이것이 소설에 마이너스가 된다고는 생각하지 않으며 일본 소설을 독특하게 만들어준다고 생각한다.

심리묘사

 심리묘사는 헤이안 왕조 시대의 여류 작가 시대부터 일본 문학의 고정 레퍼토리였다. 더구나 오늘날 말하는 심리묘사와는 여러 의미에서 달랐다. 일본 작가들은 심리와 감정과 정서와 기분과 분위기, 다시 그 뒤에 이어지는 비와 폭풍우와 바람 같은 것을 연속적으로 보는 경향이 있다. 이와 달리 프랑스 고전주의 문학의 심리묘사에서는 심리가 독립적으로 작자의 자의에 따라, 마치 심리가 논리적 필연성을 찾아가는 방식으로 진행된다.
 그러나 어디까지나 방법의 차이일 뿐 인간 심리는 만고불변이며, 또한 만국 공통이므로 시각의 차이는 있어도 일본 고전문학이 발굴해낸 인간 심리의 심연은 프랑스 고전주의 문학, 예를 들면 라신J. Racine의 희곡이 발견한 인간 심리와 거의 같은 수준에 도달해 있다. 다만 인간 심리라는 것에 대한 개념의 차이는 있을 것이다.

근대의 심리묘사 기법에 따르지 않더라도 우리는 에도 시대의 닌조본人情本* 같은 이류 문학이나 다메나가 슌스이為永春水의 소설에서도 방탕아의 심리 연구를 통해 불변의 진리를 발견할 수 있다. 그러나 근대소설의 심리묘사는 좀 더 명료한 의식적 경향에서 생겨난 것이다. 그것은 새로운 소설 기법으로, 일본 고전문학처럼 있는 그대로의 태도로 인간의 감정을 미묘하게 파악하는 문학 기법과는 달리 특히 의식적으로 인간의 내면을 추구하는 근대 유럽의 문학 기법에 따른 것이었다. 근대문학에서 심리소설의 가장 좋은 모범은 스탕달인데, 일본에는 이토 세이伊藤整 등이 소개한 제임스 조이스의 『율리시스』의 흐름을 계승한 앵글로색슨 심리소설과 프랑스의 고전적 전통에 따른 프랑스 심리소설, 프루스트가 베르그송의 영향을 받아 발명했다고 일컬어지는 비자발적 기억mémoire involontaire을 토대로 한 심리주의 문학 이렇게 세 가지가 뒤섞여 소개되었다.

네 번째로는 도스토옙스키와 같은 심리해부소설을 추가할 수도 있을 것이다. 사람 마음의 움직임에 민감한 일본인은 특

---

* 에도 시대 후기, 서민의 애정 생활을 묘사한 풍속소설.

히 서구의 온갖 심리소설에 열중하는 일이 많았다. 어떤 면에서 심리는 개인 간의 차이가 거의 나지 않기 때문에 서구 문학을 충분히 음미하려면 쓸데없는 사회적 관습이나 서구 문화의 복장을 제거하고, 벌거벗은 인간을 그린 심리소설이 가장 접근하기 쉬운 것이었다.

나는 레몽 라디게의 소설을 즐겼는데, 그의 소설은 조금 전 소개한 네 가지 중에서 두 번째인 프랑스의 고전적 전통을 계승한 소설로, 「클레브 공작부인」이나 「아돌프」의 계열을 잇는 것이며, 현재도 역시 프랑수아즈 사강의 문학에 흔적을 남기고 있다.

흔히 동인지의 소설에는 일인칭 소설이면서도 실수로 삼인칭의 묘사가 뒤섞여, '나는 그녀를 상당히 사랑하고 있었다. 그녀는 나를 그만큼 생각하지 않았기에 마음속으로 비웃고 있었다' 같은 인칭의 혼란이 보인다. 그러나 소설은 어디까지나 작자가 어떤 태도에 바탕을 둘지 결정해야 인간의 심리를 해명할 수 있다. 모든 게 자기의 눈으로 그려지고, 여기에 추기되는 화자의 간접적 지식을 통해 세계가 그려지는 소설이 프루스트의 그 유명한 『잃어버린 시간을 찾아서』인데, 거기서는 엄밀한 일인칭 심리의 세계가 펼쳐진다.

이에 반해 라디게 소설의 작자는 신의 위치에 서서 모든 등장인물을 작자의 의지대로 장기말처럼 행동하게 한다. 따라서 심리묘사는 주관적 심리묘사와 객관적 심리묘사로 크게 나

눌 수 있겠다. 주관적 심리묘사의 최고봉은 프루스트이지만 미지에 대한 불안과 공포를 그린 카프카의 소설 등도 그 점에 한해서는 상징적인 심리묘사로서 이 주관적 심리묘사에 포함해도 될 것이다.

 방금 말한 것 같은 슬픈 생각이 여전히 머릿속에 맴도는 채 나는 게르망트네 저택 안마당에 들어섰다. 그런데 멍하니 있다가 차 한 대가 다가오는 걸 보지 못했다. 운전사의 고함에 겨우 몸을 피했지만 급하게 물러나려다가 차고 앞에 깔린 울퉁불퉁한 포석에 발부리를 부딪혔다. 얼른 균형을 잡으려고 부딪힌 곳보다 조금 더 낮게 깔린 포석에 한쪽 발을 딛는 순간 지금까지의 실망은 커다란 행복감 앞에 홀연히 모습을 감추었다. 내 인생의 시기마다, 예컨대 바알베크 부근을 마차로 산책했을 때 내 인식을 깨우쳐줬다고 생각한 나무의 모습이라든가, 마르탱빌 종탑의 정경이라든가, 우린 차에 적신 마들렌 한 조각의 맛이라든가, 그 밖에 내가 말한 수많은 감각, 뱅퇴유의 마지막 작품에 합쳐진 줄 알았던 그 여러 감각이 나에게 주었던 행복감—그것과 똑같은 행복감이 나타났던 것이다. 마들렌을 맛보던 순간처럼 미래에 대한 온갖 불안, 모든 지적인 의혹이 완전히 사라졌다. 나의 문학적 재능의 실재와 문학 자체의 실재에 관해 아까부터 나를 괴롭힌 의혹은 마법에 걸린 듯 사라지고 말았다. 아까는 도저히 풀 수 없었던 난제가, 어떤 새로운 추론을 한 것도 아니고, 결정적 논증을 찾아낸 것도 아닌데 어떻게 술술 풀려버렸을까. 우린 차에 적신 마들렌 한 조각을 맛보던 날처럼 이유를 모르는 채 방치해두는 일은 이번에는 결코 하지 않겠다고 결심했다. 내가 방금 맛본 행복감은 분명히 그 마들렌을 먹으면서 맛보았던 그것과 똑같았다. 다만 그 당시에는 그 행복감의 깊은 원인을 찾는 일을 나중으로 미뤘던 것이다. 환기된 심상 속에는 순전히 물질상의 차이가 있을 뿐이다. 깊은 하늘빛이 내 눈을 취하게 했고, 서늘하고 눈부신 빛의 인상이 내 주위를 맴돈다. 그리고 그것을 파악하고 싶은 마음으로 가득 차, 마치 마들렌의 맛을 음미하면서 떠오르는 것을 내 곁으로 끌어당기려고 노력했을 때처럼 이미 움직일 수도 없어, 아까의 자세 그대로, 한쪽 발을 높은 포석에 다른 한쪽 발을 더 낮은 포석에 놓고, 수많은 운전사의 비웃음을 사도 좋다는 각오로, 불안정한 위치에 그대로 있었다. 나는 한쪽 발로만 똑같이 제자리걸음으로 몇 번 다시 디뎌 보았으나 소용없었다. 그러다가 게르망트네의 연주회도 잊어버리고, 발을 그렇게 놓은 채, 아까의 감각을 다시 이끌어 내는 데 성공한 것은, 다시금 눈부시고도 흐릿하게 보이는 환상이 나를 스치며, 마치 이렇게 속삭인 것 같았을 때였다. "너에게 그만한 힘이 있다면 내가 지나갈 때 붙잡아, 그리고 내가 너에게 내미는 행복감의 수수께끼를 풀려고 애써 보렴". 그리고 나는 바로 인식했다. 그것은 베네치아였다. 고심하며 그려내려던 노력도, 내 기억이 찍은 이른바 즉석 사진도, 지금까지 베네치아에 대해 한마디도 말해주지 않았는데, 지난날 산 마르코 성당 세례당의 반듯하지 못한 두 포석 위에서 느꼈던 감각이, 그날 그 감각과 연결되어 있던 다른 모든 감각과 더불어, 지금 그 마을을 나에게 소생시킨 것이었다. 그런 감각은 순서대로 줄을 지어 망각된 세월에 들어가서 가만히 기다리고 있다가, 어느 갑작스러운 우연에 억지로 그 줄에서 끌려 나온 것이다. 작은 마들렌의 맛이 콩브레를 떠올리게 한 것 역시 이것과 마찬가지였다.

—프루스트, 「되찾은 시간」, 요도노 류조 번역

객관적 심리묘사는 마치 작자가 천장에서 내려다보며, 각각의 인물에게 엑스레이를 쏘아 심리의 엇갈림을 묘사하는 일에 흥미를 느끼는 전형적, 고전적인 심리묘사인데, 다음 라디게의 구절에서 확인할 수 있다.

어느 날 밤 극장으로 향하던 프랑수아는 평소처럼 자동차에 탄 부부 사이에 끼어 앉아 있었는데, 자리가 불편해 조금 자리를 넓히려던 순간 자신의 한쪽 팔이 도르젤 부인의 팔 아래로 미끄러져 들어갔다. 그는 자신이 아니라 오히려 의도하지 않은 팔의 움직임에 깜짝 놀랐다. 팔을 바로 빼낼 수 없었다. 도르젤 부인은 기계적인 움직임이라는 걸 알았다. 티를 내고 싶지 않아서 그녀도 팔을 빼지 않았다. 프랑수아 드 세리외즈는 마오의 세심한 마음 씀씀이를 헤아렸다. 그리고 이 배려를 결코 스스럼없이 받아들여서는 안 된다고 생각했다. 두 사람은 몹시 어색하게 가만히 있었다.

—라디게, 「도르젤 백작의 무도회」, 이쿠시마 료이치 번역

그러나 문제는 **심리묘사와 감각묘사의 경계**인데, 라디게처럼 인간을 심리적 원소로 분해한 문학은 오히려 특수한 경우로 일본인들은 앞에서도 서술한 것처럼 심리와 관능이나 감각의 경계를 분명히 나누지 않는 게 문학상의 예의라고까지 생각했다. 물론 심리의 끝에는 광대한 무의식 세계가 펼쳐져 있다는 게 정신분석학적 지식으로 밝혀졌지만, 고전적 심리묘사에서는 그 무의식의 영역을 고려하면서도 프루스트나 제임스 조이스와 같이 방대한 무의식 세계의 힘을 빌리지 않고 논리로 분석할 수 있는 한도 내의 심리로 문제를 국한한다. 가장 서구적 심리묘사의 개념이라 할 수 있다. 라신에게 배웠다고 알려진 프랑수아 모리아크의 심리소설에서 훌륭한 심리묘사가 아로새겨지며, 어두운 감각과 관능이 항상 심리 안쪽에 밀접하게 달라붙어 있는 것은 오히려 일본 작가들의 심리묘사에 가깝다고도 하겠다.

그녀는 이 이름과 숫자를 다시 읽어 본다. 죽는다는 것. 그녀는 옛날부터 죽음이 두려웠다. 중요한 것은 죽음을 정면으로

바라보지 않는 것이다. 오로지 필요한 행동을 미리 준비해두면 된다. 물을 따르고 가루를 녹이고, 단숨에 마시고 침대에 누워 눈을 감는다. 그리고 그다음을 보려고 하지 않아야 한다. 어째서 이 잠을 다른 모든 잠보다 더 두려워하는가? 몸이 떨리는 건 새벽 추위 때문이다. 테레즈는 계단으로 내려가서 마리가 잠들어 있는 방 앞에 멈춰 선다. 유모는 그곳에서 짐승이 으르렁대는 것처럼 코를 골았다. 테레즈는 문을 연다. 덧문 사이로 새벽빛이 스며들었다. 좁은 철제 침대가 어둠 속에서 희게 보였다. 조그만 주먹 두 개가 이불 위에 놓여 있었다. 아직 형체가 제대로 잡히지 않은 아기의 옆얼굴이 베개 속에 잠겨 있다. 테레즈는 이 큼직한 베개를 본 적이 있다. 자신의 베개다. 사람들이 한 말은 거짓이 아니다. 테레즈 자신의 판박이가 거기에 있다. 가만히 움직이지 않고 잠들어서. "나는 갈 거다, 하지만 내 일부는 남는다. 그리고 끝까지 살아야 할 이 운명도. 그중의 아주 조그만 일부도 사라지지 않을 것이다." 성향, 기질, 핏줄의 법칙, 항거할 수 없는 법칙들, 테레즈는 자포자기한 사람들이 자신의 아이를 죽음의 동반자로 데려간다는 이야기를 읽은 적이 있다. 선량한 사람들은 읽던 신문을 손에서 떨어뜨리며 외친다. "어쩌면 그럴 수가 있지?" 평범한 사람이 아니었기 때문에 테레즈는 심각하게 느낀다. 그게 가능한 일이라는 사실을. 그리고 아무것도 아닌 일로…. 테레즈는 무릎을 꿇고, 입술을 이불에 놓인 작은 손에 가볍게 댔다. 몸속 가장 깊은 곳으로부터 솟아 나온 어떤 것이, 눈 속에 차올라 볼을 뜨겁게 하자 그녀는 깜짝 놀란다. 몇 줄기 슬픈 눈물, 한 번도 운 적이 없던 그녀가!

테레즈는 일어서서 다시 한 번 아기를 바라보고, 그러고 나서 겨우 자신의 방으로 돌아간다. 컵에 물을 따르고, 밀봉을 뜯고, 세 개의 독약 상자 중에서 어느 걸로 할지 망설였다.

—모리아크, 『테레즈 데케루』, 스기 도시오 번역

우리는 보통 사람의 마음을 표정이나 눈빛으로 알아차린다. 어떤 경우엔 말보다 명료하게 드러날 때도 있고 말이 다 하지 못하는 이야기를 눈이 말한다. 소설의 문장이 만일 심리에만 국한된다면 모든 것이 인간의 안색을 살피기만 하는 문학이 되어버릴 것이다. 심리소설이 빠지기 쉬운 함정이다. 거기서는 모든 게 의혹과 시기와 의심 속에 내팽개쳐져서, 최종적인 확신은 어디에서도 얻을 수 없다. 그리고 인간은 허무하게 억측과 불안에 살며 모든 것은 틀어지고 어긋나서, 인간의 의지대로 되지 않는 비극적 결말로 인도되고 만다. 라신의 비극에서의 이러한 심리 해부는 얀세니즘Jansenismus이라는 인간의 본연적인 악을 확신하는 음울한 기독교 일파의 신념을 토대로 만들어진 것이라 할 수 있다. 그러므로 심리주의 문학은 심리 속에서 살아가기에 충분한 어떤 확신을 이끌어 내는 일에 큰 힘을 쏟아부어야 했다. 그것이 도스토

엡스키의 그 거대한 신과 인간과의 투쟁 소설로 발현되었고, 또한 마르셀 프루스트가 비자발적 기억의 환기를 통해 은총 비슷한 걸 잡는 계기이기도 했다.

심리묘사는 영화가 생긴 오늘날 누가 뭐래도 영화가 도저히 따라잡을 수 없는 소설의 특기이므로, 초보 소설가일수록 심리묘사의 위험한 독소를 알지 못하고 장식적으로 남용한다. 사소한 심리묘사가 잘되어 있는 소설은 잘 쓴 작품처럼 보인다. 그러나 심리묘사는 심리묘사의 허무함과 두려움을 가장 잘 아는 사람이어야 비로소 완벽히 구사할 수 있는 것이라 할 수 있다. 이렇게 어떤 의미로는 라디게나 스탕달의 소설은 심리묘사에 초점을 맞추면서도 심리소설을 넘어섰으며, 작자는 이론적 심리만 추구함으로써 인간을 선명하게 부각시키고, 그로써 소설의 이야기성을 회복하고 오히려 소설에 행동을 부활시켰다. 라디게의 심리소설에서조차 고전적 질서와 태도가 어떤 의미에서 인간의 심리적 행동의 명확성을 잡아내고, 그것을 통해 인간을 순화하고 진흙탕에서 구원하는 작업을 하고 있다고도 할 수 있다. 그러므로 심리묘사란 하나의 역설이며, 영원히 알 수 없는 인간성에 대한 이론적 승리이다. 나 역시 문학청년 시절에 잘 알지도 못하고 시도한 심리묘사가 끝없는 진흙탕으로 떨어져서 때로는 소설의 구성을 불가능하게 했던 경험이 있다. 그러므로 우리는 소설을 읽을 때 심리묘사의 장식적 재미에 사로잡혀서는 안 된다. 유감스럽게도 현대의 독자는 다소의 행동성과 동시에 구미에 맞는 적당히 달콤한 심리묘사를 선호하는 경향이 있다.

행동묘사

　심리묘사가 문학의 특기라고 한다면 행동묘사는 문학의 특기라고는 할 수 없다. 영화가 나타나면서 인간의 행동을 그리는 데 가장 편리한 매체가 완성되었다. 옛날 서사시 시대에는 문학은 행동을 묘사했지만, 그 행동이 시의 운율이나 장식적 표현, 유형적 기법으로 장식되어, 행동 전체의 커다란 두루마리 그림을 그릴 수는 있어도 행동의 내적 본질에는 다가서려고 하지 않았다. 그러나 그건 결국 문학이 스스로 행동묘사에 대한 한계를 파악한 행동이었던 것이다.

　말은 행동 뒤를 따라갔다. 서사시인은 행동이 끝난 뒤에 나가서 한순간 불타올랐다가 사라지는 행동을 후대에 남기기 위해 언어를 조각하는 은둔자였다. 그래서 행동은 무의식적으로 양식화되고 개인적 행동은 엄격히 배제되었다. 서사시인에게 엄밀히 말해 개성적 행동이라는 것은 상상도 할 수 없는 일이었기 때문이다.

> 드디어 두 군대가 나아가 한 장소에 도착했을 때
> 서로 가죽 방패를 부딪치고, 창과 청동 흉갑을 입은
> 병사들이 힘을 맞부딪치니 수많은 배꼽 장식 방패가
> 서로 쿵쾅거리며 마주 부딪쳐 엄청난 소리가 솟아올랐다.
> 이때 죽이는 자와 죽어가는 병사들의 신음 소리와
> 자랑스러운 승리 선언이 겹쳐지고 대지에는 핏줄기가 흘렀다.
> 마치 겨울철에 두 줄기의 산골 급류가 흘러내려
> 마주치는 두물머리에서 섞일 때처럼,
> 움푹 팬 골짜기에서 솟은 숱한 샘물이 흘러나오듯,
> 그리고 그 소리는 멀리 산속에 있는 목자의 귀에까지 들린다.
> 그렇게 어우러져 싸우는 두 군대에서 외침과 소란이 일어났다.
>
> —호메로스, 『일리아스』, 구레 시게이치 번역

두 사람, 두 개의 사리탑을 가볍게 때려 부순 뒤 해자 옆에 박아 세우고, 자화찬을 시작했다. "다른 나라에는 오회과 번쾌가 있고, 우리 조정에는 이즈미노 고지로와 아사이나 사부로가 있어, 모두가 세상에 다시 없는 장사라고 하니 우리 힘이 조

금 더 셀 것이다. 내 말이 방약무인하다고 생각하는 이가 있다면 다들 모여 실력이 어느 정도인지 보아라" 하면서 두 개의 사리탑을 다시 건너편 땅 쪽으로 쓰러뜨렸다. 사리탑을 눕혀서 두 개를 서로 나란히 놓으니 마치 사조 오조에 놓인 다리 같았다. 여기에 하타 로쿠자에몬, 와타리 신자에몬 두 사람이 다리 끝에 있다가 "그대들은 다리 놓기의 판관이 되어주시오. 우리는 싸움을 할 테니"라며 농담을 하고, 두 사람 모두 다리 위를 거침없이 달려서 해자를 건너 가시나무 울타리를 모두 뽑아내고, 일각대문 옆에 도착했다. 이를 막으려는 병사들, 세 군데 총안銃眼에서 창과 칼을 내밀고 마구 찔렀으나, 와타리 신자에몬은 열여섯까지 빼앗아서 버렸다. 하타 로쿠자에몬 이를 보고, "와타리, 비키시오. 그 벽을 부숴 마음껏 싸울 수 있게 할 테니"라고 하면서 달려 들어가 오른발을 들고 나무 대문의 빗장 주위를 두세 번 밟았다. 두 개가 끼워져 있는 여덟아홉 척의 빗장은 너무 밟혀서 안에서 부러지고, 나무 문도 벽기둥도, 마찬가지로 쿵 하고 넘어지자, 막으려던 병사 오백여 명이 사방으로 흩어져 싹 물러났다.

—『태평기』권 제15

행동은 외부에서 파악되며, 행위자 자신이 모르는 것을 제삼자인 관찰자가 관찰한 것을 표현한다. 이렇게 처음부터 행동과 표현이 분업된 지점에서 서사시가 성립되었다. 이는 심리묘사라는 것의 본질, 작자 자신이 자기 안에 있는 심리까지 문학에 반영하여 어쩌면 고백처럼 되기 쉬운 본질과는 반대이다. 행동과 행동묘사는 완전히 다른 세계의 사건이었다. 예를 들면 만일 당신이 투창을 들고 필드를 달리기 시작해서 팔을 높이 올렸다가 그것을 푸른 하늘에 높이 던지고, 그 창이 당신이 의도하는 곳에 도달해 잔디에 꽂히고, 아직 여운이 남아 부들부들 흔들리고 있는 상황을 보았다고 치자. 당신은 창을 던졌다. 물론 당신 자신의 의지와 신경의 긴장에 의해 이루어진 행위이다. 또 그 자세는 운동을 위해 최고로 효과적으로 만들어진 것이지만, 행위자 자신은 행동에 대해서는 아무것도 설명할 수 없다. 한순간에 행위는 끝나고 에너지는 소모되어 모든 건 시간 속으로 사라져버린다. 남은 것은 기록뿐이다. 그러나 여기에 다른 표현자의 존재가 있다. 표현자는 행동하지 않고 정밀하게 창 던지는 사람의 모습을 관찰한다. 표현자는 상상을 통해 창을 던지는 사람의 내면에 들어가지 않는다. 창을 던지는 사람 자신도 모르는 내면을 제삼자가 알 리 없기 때문이다. 그래서 그 행동의 체험은 시간 속에 내버려져 사라지도록 방치되어, 그저 행동하는 인간의 의욕에 가득한 눈길과 아름다운 자세, 통제된 힘과 만족스러운 미소 등으로 파악되고, 여기에 다시 주위 관객의 열광과 세계기록을 깬 순간의 역사에 남을 감동이 표현된다.

행동묘사란 이런 것들이다. 문학의 가장 원시적인 기능으로 전해 내려오고 있으며, 말로 전달되는 기록적 기능에서 출발했다. 그리고 그러한 기록적 기능으로 그칠 숙명이었다. 만일 기록자가 창을 던지는 사람의 심리 내면으로 들어가려고 해도 아무 소용이 없다. 지금 인용한 호메로스의 문장이나 일본 전기물 문장을 읽으면 인간의 행동이라는 게 몇 가지 유형밖에 없는 데다 얼마나 순간적으로 끝나는 허무한 것인지를 알 수 있을 것이다.

그러나 일견 단순해 보이는 이러한 방법이, 아니 문학이 가장 못하는 행동의 영역이, 지나치게 심리의 늪에 빠져든 문학의 병을 고칠 약으로서 부활하기 시작했다. 앙드레 말로André Malraux의 소설을 읽어 본 사람은 현대의 행동문학이라는 게 얼마나 고대의 서사시와 다르면서도, 역시 인간성의 중요한 요소인 행동이라는 것에 중점을 두고 있는가를 알아차릴 것이다. 모리 오가이는 일본 작가 중에서는 행동묘사에 상당히 뛰어난 인물이었다. 완벽주의적이고 논리적 성격을 갖고 있었던 그는 인간 내면과 관련된 회의주의를 경멸하고, 오히려 봉건시대 무사의 행동적 순수성에 애착을 느껴 『아베 일족』 등의 소설을 썼다. 그의 『시부에 주사이』는 끊임없이 이어지는 일상의 잡다한 일에 대한 연대적 서술로 가득 찬 지루한 소설로 보일 수도 있지만, 어느 순간 불꽃처럼 솟아올라 지루한 일상에서 인간의 에너지가 순간적으로 분출

하는 인생 경험을 느낄 수 있게 해준다.

칼자루에 손을 대고 일어선 낯선 세 사람을 마주한 채, 넓지 않은 방 한편에 앉아 있는 주사이는 그들에게서 눈을 떼지 않고, 장지문이 열린 입구를 곁눈으로 보았다. 그리고 아내 이오의 이상한 모습에 놀랐다.

이오는 얇은 무지기 하나만 몸에 둘렀을 뿐 거의 벗고 있었다. 입에는 단도를 물고 있었다. 그리고 문지방가에서 몸을 웅크리고, 툇마루에 놓은 작은 통 두 개를 양손으로 들어 올리려는 참이었다. 작은 물통에서 김이 오르고 있다. 툇마루에서 문 입구까지 조심스레 다가와서 장지문을 열 때 들고 온 물통을 아래에 놓아두었던 모양이다.

이오는 물통을 들고 방으로 휙 들어가서 남편에게 등을 돌리고 섰다. 그리고 펄펄 끓는 뜨거운 물을 담은 물통을 좌우의 두 사람에게 내던지고 물고 있던 단검을 잡고 칼집에서 뺐다. 그리고 상좌에 있던 한 사람을 노려보며 "도둑놈!" 하고 소리를 질렀다.

뜨거운 물을 뒤집어쓴 두 사람이 먼저 칼자루에 손도 대지 못하고 방에서 툇마루로, 툇마루에서 마당으로 도망쳤다. 나머지 한 사람도 따라서 도망쳤다.

—모리 오가이, 『시부에 주사이』

이 대목은 지금까지 정숙한 아내였던 이오가 봉건시대 여성의 숭고하리만큼 강한 의지력을 발휘하는 순간을 놀랍도록 명확하게 그리고 있다. 아무런 수식도 없고 아무런 설명도 없이 행동묘사만으로 소설 전체의 중요한 모티브를 부각시키고 있다.

한편 전쟁조차 버튼 하나로 결판이 나는 시대에 현대의 행동이란 이미 스포츠 이외에 남아 있지 않다고 해도 과언이 아니다. 그러나 스포츠 묘사는 난제 중의 난제이다. 스포츠 자체가 행동을 예술화한 것이기 때문이다. 그것은 인간의 원시적 육체의 힘을 수련한 결과이며, 옛날에는 사회의 목적의식에 따라서 전쟁이나 투쟁에 사용되었던 에너지를 추상화한 것이기 때문이다. 가와카미 데쓰타로河上徹太郎의 주장에 따르면 스포츠는 반복을 통해 습득하는 것이며, 또한 반복의 기쁨이므로 예술이라는 일회적einmalige 행위, 결코 반복할 수 없는 행위와 근본적으로 모순이 있어서 그 예술적 표현은 거의 불가능하다는 것인데, 이것은 실로 타당한 말이며, 우리는 조잡한 가짜 스포츠 소설을 많이 읽게 되는 결과를 낳기도 한다. 우리가 묘사할 수 있는 것은 스포츠인의 마음뿐이고, 스포츠 그 자체가 아니다. 다나카 히데미쓰田中英光의 『올림포스의 과실』은 올림픽 보트 선수의 스포츠맨십을 그리고 있는데, 스포츠 그 자체에 대해서는 우리에게 전혀 말해주는 바가 없다. 그러나 현대에 텔레비전에서 중계하는 프로야구에 우리가 열중하듯이, 하는 스포츠가 아닌 보는 스포츠로 파악되는 경향이 있으므로 보기 위한 스포츠가 여러 소설에 출몰한다. 그러나 보기 위한 스포츠 소설은 행동의 예술화를 다시 예술화한 것에 불과하므로, 마치 무대를 묘사하는 것처럼 우리에게 진정한 감동을 주지 못한다.

문법과 문장 기교

 먼저 인칭을 보자면 소설은 으레 일인칭이나 삼인칭으로 쓰는 것이었다. 그런데 프랑스의 '누보 로망$^{nouveau\ roman}$'이라 불리는 것 중에는 이인칭 소설이 나왔다고 한다. 그러나 이것은 특수한 예일 뿐 여전히 소설은 일인칭이나 삼인칭으로 쓴다는 인식이 있다. 이인칭 소설이라고 하면 낯설게 들리는데 옛날부터 있었던 서간체 소설이 일종의 이인칭 소설이다. 그러나 소설다운 인칭은 역시 어디까지나 삼인칭이어서, 일인칭은 일기, 이인칭은 편지 정도로 어느 정도 만족하고, 삼인칭으로 글을 쓰기 위해서는 일기도 편지도 아닌 **작품**이라는 것을 써야 할 것이다. 일본어의 사소설^{私小說}은 독일의 이히로만^{Ichroman}과 비교되지만 본래는 전혀 다른 것이다. 독일의 이히로만은 교양소설Bildungsroman 형식의 하나로, '나'라는 인물의 정신적 성장을 소설의 요소로 삼은 것이다. 그러나 일본의 사소설에서는 정신적 성장은 개의치 않는다. 그것은 정적인static 내 눈과 감각이 본 세계의 묘사이며 내 눈이 충분히 연마되어 감각이 단련되면 될수록 그 소설의 세계는 좁아지고 한정된다. 그리고 정신적 성장 대신에, 이토 세이가 상세히 해설했듯이, 인생의 연기화演技化만 남아, 작자의 정신과 삶이 혼동되기 시작하고 소설을 위해 인생을 파괴하는 지경에 이르는 것이다. 그러나 사소설의 전통은 뿌리가 깊어서 작가의 정신적 태도뿐 아니라 문학 기법에도 깊이 침투해 있으므로, 내 경우에도 소설의 주인공을 '그'라고 쓰든 '나'라고 쓰든 마찬가지라고 생각되면서도 사실 '그는'이라고 쓰면 문장이 어색할 것 같은 걱정에 사로잡혀 '나는'이라고 쓰고 나면, 그것만으로도 문장이 안정된 것 같은 느낌을 가질 때조차 있다. 소설에서 약속이라는 것이 얼마나 작가를 깊이 구속하고 있는가를 보여주는 일례일 것이다.

일본어는 인칭을 생략하기 용이한 문장이어서 『겐지 이야기』 같은 글은 주어가 무엇인지 애매한 부분이 많지만, 사소설의 경우에는 일단 '나'라는 것이 정착되고 나면 거의 무한정으로 인칭을 삭제해도 독자가 이해를 할 수 있다. 그것은 '그'이더라도 마찬가지여서 삼인칭까지 인칭을 점점 생략해 가는 간소한 문장 기법은 암묵적으로 그를 나와 혼동시키고,

사회적 관계나 인간관계를 희생시켜 소설을 독자의 정신세계와 밀착시키는 작용을 한다.

    얼른 세수를 하고 방에 들어가 보니 깨끗이 청소되어 있다. 눈길은 바로 책상 위에 놓인 일기에 끌렸다. 어제 자신이 실제로 겪은 사건보다는 일기에 어떻게 썼는지가 당장의 문제인 것처럼 생각되었다. 기억은 기억을 불러일으킨다. 그리고 준이치는 일종의 불안감에 휩싸였다. 어제 사건에 대한 어젯밤의 심리 분석에는 아마 상당히 미흡한 부분이 있고, 전체적인 판단도 틀렸을 것으로 생각되기 때문이다. 밤의 생각으로 볼 때와 낮의 생각으로 볼 때는 같은 현상이라도 다른 면모를 드러낸다.
    어젯밤의 일은 어젯밤만의 일이 아니다. 이제 앞일은 어떻게 될 것인가. 나에게 연애 감정이 없는 것은 사실이다. 그러나 그 부인이 자신을 끌어당기는 힘을 가졌는지 아닌지가 중요한데, 그 점은 상당히 의심스럽다. 어젯밤 모든 게 지나간 일처럼 생각되었던 것은 말라리아 발작 후에 병이 완쾌된 것처럼 느껴지는 것과 비슷한 것이리라. 또 그 수수께끼 같은 눈을 보고 싶어지는 일이 있지는 않을까. 깊은 밤의 심리 상태와는 달리 왠지 조금 더 그 눈빛의 마력이 작용하기 시작한 것처럼 느껴지는 것이다.

—모리 오가이, 『청년』

모리 오가이에게 배운 대로 나도 소설을 쓸 때 인칭을 생략하려고 노력한다.

그리고 또 내가 모리 오가이에게 배운 것은 의성어를 줄이는 것이다. 대개 간사이 지방 사람들이 도쿄 사람에 비해 일상 회화에서도 의성어를 많이 쓴다.

> 멍한 얼굴을 쑥 내밀고 집으로 돌아오자 갑자기 옷깃을 잡아 쓰러뜨리고 위에 올라타서는 목을 꽈악 졸랐다. "수, 수, 숨 막혀, 아줌마, 왜 이래." 류키치는 발버둥을 쳤다. 조코는 따끔하게 혼을 내야 성에 찰 것 같아서 목을 조르고, 치고 때리는데 결국 류키치는 "한 번만 봐 줘" 하며 비명을 질렀다. 조코는 좀처럼 손에 힘을 풀지 않았다. 여동생이 데릴사위를 들인다는 소식에 자포자기한 류키치에게 화가 났다기보다 오히려 가여워서, 조코는 더 물불을 안 가리고 화를 냈다. 류키치는 틈을 노려 낑낑거리는 소리를 내며 아래층으로 도망치다가 변소 안으로 숨어버렸다.
>
> ―오다 사쿠노스케,『부부다팥죽』

의성어는 일상적 대화를 생생하게 만들고, 표현력까지 부여하지만 동시에 표현을 유형화하여 저속하게 한다. 오가이는 이런 의성어의 효과를 싫어해서 그의 문학에는 의성어가 적다. 그것이 오가이 문장의 격조를 높이고 있다. 대중소설에서 아직까지 사용되는 기법 중에 '그렇습니까. 아하하하…'처럼 웃음소리 의성어가 있다. 지금은 그런 기법이 유치하다는 건 누구나 알 것이다. '현관 벨이 딩동 하고 울렸다' '개막 벨이 뚜뚜 울리고 나서 연극이 시작되었다'. 어린아이들은 이런 표현을 몹시 사용하고 싶어 한다.

의성어의 가장 큰 특징은 추상성이 없다는 것이다. 사물을 사물 그대로 사람의 귀에 전달하는 작용밖에 없어 언어가 본래의 기능을 하지 않는 추락한 형태이다. 그런 것들이 추상적 언어 사이에 섞이면 언어의 추상성을 더럽히게 되고, 남용하게 되면 작품 세계의 독립성을 오염시킨다. 다만 어린이의 글과 여성의 글에는 많이 쓰이는데, 특히 여성 작가 중에는 의성어를 아주 잘 사용해서 여성 특유의 감각적이고 구체적 세계를 독자에게 전달하는 경우도 있다.

> 노코기리야마鋸山에서 온 아저씨가 툴툴거리는 사이사이에 카랑카랑한 가쓰요의 목소리가 짧게 끼어들어 둔감한 돼지를 송곳으로 찔러 우리에 몰아넣는 느낌이다. 노코기리야마 아저씨는 짜증이 나서 점점 윽박질렀고, 모든 게 계획대로 흘러간다. 그리고 기다리던 순사가 왔다. 현관에서 들리던 끓는 물 같은 소리가 조용해진다. 그리고 다시 한 번 격렬하게 울렸다. 남자, 남자, 가쓰요, 세 명의 스타카토 같은 짧은 대화가 오갔다.
> 리카는 가쓰요의 짜증스러운 목소리가 듣기 싫어서, 양동이

하고 빗자루를 들고 이층을 청소하러 가려고 한다. 숙박객이 와 있다는 조금 전의 주인의 말은 새까맣게 잊어버리고, 높은 창의 먼지를 툭툭 턴다. 하는 김에 길 쪽으로 난 모든 창문의 먼지를 팡팡 친다. 그런데 도대체 무슨 영문일까. 건너편 쓰루모토의 현관이며 부엌문에 정장을 입은 남자들이 밀어닥쳤고, 그 사람들이 타고 온 것으로 보이는 자전거가 길가에 마구 흩어져 있었다.

—고다 아야, 『흐르다』

이런 글은 여성이 자신의 감각적 진실을 사람들에게 전달하기 위해 어쩔 수 없이 이용한 폭력적 수단이라고 할 수 있으며, 고다 아야처럼 특이한 문체 속에 의성어가 있으면, 우리는 전혀 싫은 느낌이 들지 않고, 오히려 고다 아야의 개성적 기질과 직접 접촉한 느낌이 든다. 그러나 문장으로 볼 때 작자의 개성적 기질의 온기와 직접 접촉하는 것 같은 글이 좋은 문장인지 아닌지에 대해서는 의문이 든다. 물론 고다 아야는 의성어 하나하나에도 세심하게 신경을 쓰고 있어서, 결코 '현관 벨이 딩동 하고 울렸다'라는 식의 문장은 쓰지 않는다.

의성어는 각 민족의 유아 체험이 누적된 거라고 해야 할 것이다. 일본 고양이는 '야옹' 하고 울고 서양 고양이는 '먀오' 하고 운다. 먀오를 야옹이라고 번역한다면 그것만으로도 어떤 민족의 유아 체험이 다른 민족의 유아 체험으로 전달된다. 이런 이유로 의성어를 남용한 번역은 상당히 친근한 번역처럼 보이지만, 수준 높은 번역이 아니라는 것은 말할 필요도 없다.

다음으로 형용사를 보면, 형용사는 문장 속에서 가장 낡기 쉽다고 한다. 왜냐하면, 형용사는 작가의 감각이나 개성과 가장 밀착해 있기 때문이다. 오가이의 문장이 늙지 않는 것은 형용사 사용을 억제했기 때문이기도 하다. 그러나 형용사는 문학의 꽃이며 청춘이기도 하므로 형용사를 빼놓고는 고급스럽고 화려한 문체를 생각할 수 없다. 그것은 동시에 '처럼'이라는 말이 붙은 비유적 표현과 가까운 관계이며, 오카모토 가노코의 문장은 형용사와 비유의 꽃밭이다.

게이코는 낡은 강철 문처럼 딱딱하고 거무스름한 나뭇가지에 연두색 어린잎이 가득 돋아 있는 언덕길로 접어들었을 때 갑자기 고르곤졸라 치즈가 떠올랐다. 지방분이 썩으면서 저절로 생긴 틈에 피어나는 곰팡이 꽃도 이렇게 생기 있고 요염한 초록빛일까. 세상에는 현실의 것 같지 않아 뭐라고 정의할 수 없는 아름다움이 있는 거라고 게이코는 생각했다.

혼자서 한적한 곳을 걷고 있으려니 게이코는 치즈처럼 뭔가 풍미가 강한 것이 먹고 싶어졌다. 강습소에서 강사로 일하면서 센코와 함께 차를 마실 때도 보릿가루를 뭉쳐 만든 과자처럼 은은하고 담백한 디저트를 곁들여 먹는 평소의 자신과는 완전히 딴사람 같다. 외국에 나가 있을 때 그곳 취향을 강요당했기 때문일까.

비는 그치고 햇살이 흑장미색 빛줄기를 깔때기 모양으로 내리쬐자, 군데군데 남아 있던 가시나무 울타리에서 갑자기 아교풀 냄새가 강하게 풍겼다. 게이코는 바늘 모양이면서 색도 모습도 아기 같은 어린 가시나무의 어린싹을 겁도 없이 귀엽다고 생각했다.

—오카모토 가노코, 『꽃은 위대하다』

우리는 번역문에서 명사 하나를 여러 개의 형용사와 형용사구가 수식하는 문체에 점점 익숙해졌다. 예를 들면 '상냥하고 아름다운 사람'이라는 단순한 일본어 표현에서 시작해 '그것은 너무나 마음을 옥죄는 듯한, 음울하고 그러면서도 어딘지 모르게 사람을 끌어당겨 놓아주지 않는, 어둡고 매혹적인, 내면 깊은 곳에서 정서를 일깨우는 힘을 가진, 신비하고 황량한 풍경이었다'라는 문장에 이르는 동안, 형용사와 형용사구의 연속으로 이루어진 복잡한 문체는 우리의 문체가 되었다. 이런 글이 가장 단직으로 표현된 게 프루스트의 문장이다. 프루스트가 할머니의 방에 닿는 햇빛의 미묘한 변화를 묘사하고 있는 것을 보자.

할머니의 방은 내 방처럼 직접 바다를 향해 있지 않지만, 다른 세 방향으로부터, 그러니까 방파제 한편과 안마당과 들판으로부터 빛이 들어오게 되어 있었고, 꾸며 놓은 장식도 내 방과는 달라서, 금빛과 은빛 테두리를 두른 장밋빛 꽃무늬를 수놓은 팔걸이의자가 서너 개 있고, 그런 장식에서는 기분 좋고 상쾌한 냄새가 풍겨 나오는지 방에 있을 때 항상 그 냄새를 느낄 수 있었다. 하루 각각의 시각으로부터 모여든 것처럼 서로 다른 방향으로부터 들어오는 그런 다양한 빛은 벽 모서리를 없애고, 유리 찬장에 반사되는 바다 그림자와 나란하게, 서랍장 위에 길가의 들꽃을 묶어놓은 것처럼 알록달록한 제단을 만들고, 당장이라도 다시 날아오르려는 듯 떨면서 접힌 따뜻한 빛의 날개를 안벽에 가만히 쉬게 하고, 포도 넝쿨이 얽힌 모양으로 가장자리를 장식한 작은 안뜰 창 앞의 시골풍 사각형 양탄자를 온천탕처럼 데우고, 팔걸이의자에서 그 현란한 꽃무늬를 수놓은 실크를 벗기기도 하고 장식끈을 풀기도 하는 것처럼 보이면서, 가구 장식의 매력과 복잡함을 오히려 더해주는데, 바로 그런 시각에 산책 옷차림으로 갈아입으려고 잠시 가로지르는 그 방은, 바깥 빛의 다양한 빛을 분해하는 프리즘 같기도 하고, 내가 맛보려고 하는 그날의 달콤한 꽃물이, 사람을 취하게 하는 향기를 내뿜으면서 용해되어 흩어지는 것이 생생하게 눈에 보이는 벌집 같기도 하고, 은색 빛줄기와 장미 꽃잎이 떨리는 고동 속에 녹아들려고 하는 희망의 화원 같기도 했다.

—프루스트, 「꽃피는 처녀들」, 이노우에 규이치로 번역

그리고… 지금 쓴 '그리고'도 그 하나인데, '자, 이제'라거나 '그런데'라거나 '사실은'이라거나 '뭐니 뭐니 해도'라거나 '그렇다고는 해도'라거나, 그런 말을 절의 처음에 사용한 문장은 매우 설화체적 친근감을 주지만 문장의 격조를 잃게 한다. 오오카 쇼헤이는 이런 유의 말을 행의 처음에 거의 쓰지 않고, 주어에서부터 시작해서 무뚝뚝하면서도 명확한 효과를 내고 있다. 오오카 쇼헤이의 『포로기』에서 임의로 몇 페이지를 발췌해서, 각 단락의 첫 단어를 차례로 인용해보겠다.

　　명예심…

　　예를 들어…

　　주지와 같이…

　　마스다 오장…

　　그러나…

　　오늘, 많은…

　　어느 레테의 포로는…

　　1월 24일…

　　인간에 관한 한…

　　전쟁터의 사실에 관한 한…

　　그는…

　　그의 분대는…

마스다 오장의 말에 따르면…

   그런데…

이만큼이나 적어보았는데 4쪽 끝에 가서 겨우 '그런데…'로 시작하는 문단이 나온다. 그가 의식적으로 설화적 기법을 피하고 있는 게 분명하다.

제8장
맺음말—
문장의 실제

•

나는 소설가이다. 책상에 앉아 있다. 공기 중의 질소와 산소를 합성해 어떤 약품을 만드는 사람처럼 나는 아무것도 없는 허공에서 무엇인가 원소를 추출해서 그것을 문장으로 고정한다. 이런 일을 벌써 십수 년 계속하는데도 아직 기술에 기복이 있어서, 쉽게 써질 때도 있고 쓰지 못할 때도 있다. 여러 육체적 정신적 컨디션이 나를 자극하고, 다양한 문학적 이념과 꿈과 현실이 나를 짓누르고, 글 한 줄에도 예술적 사회적 역사적 요구가 길을 가로막고 내 펜을 정체시킨다.

초보자들한테 자주 받는 질문 중에 글 쓰는 속도가 어느 정도 되느냐는 것이 있다. 한 달에 사백 자 원고지로 천 장을 쓴다는 작가도 있고, 반면에 한 달에 서른 장도 못 쓰는 작가도 있다. 하룻밤에 백 장을 쓸 수 있는 사람도 있고, 하룻밤에 한 장도 못 쓰는 사람도 있다. 진자이 기요시神西清 같은 사람은 다섯 장 남짓한 글을 쓰는 데도 편집자의 재촉까지 받아 가며 다 쓰기까지 몇 년이 걸렸다. 내 경우에는 평균적으로 한 달에 백 장이 넘는다는 정도로만 얘기해두겠다. 그 백 장 중에는 잡문도 있고 소설도 있고 희곡도 있어서 글 쓰는 속도도 다 다르고 백 장으로 평균 속도를 나누어 봐야 아무 소용이 없다. 미쳤나 싶을 정도로 감흥이 일면 하룻밤에 열 장 넘게 쓸 때도 있고, 밤새도록 앉아 있어도 한 장도 못 쓸 때도 있다. 많이 쓰든 적게 쓰든 그게 작가의 자랑거리는 되지 않는다. 다니자키 준이치로는 『장님 이야기』를 쓸 때는 고야산에 틀어박혀서, 그 이백 수십 장의 소설을 하루에 한두 장의 속도로 썼다고 하는데, 언뜻 보기에 유창하고 거침없이 매끄러운 문장이 얼마나 오랜 고심 끝에 나오는 것인지를 알 수 있다.

글이란 것은 신기해서 아주 급하게 쓴 글이라고 반드시 속도감이 느껴지는 것은 아니며, 상당히 속도감 있는 글이 사실은 고심 끝에 긴 시간을 들여 만들어진다는 사실이다. 중요한 것은 밀도와 속도의 관계이다. 문장을 빨리 쓰면 밀도가 성글어지고, 읽는 쪽에서 보기에 그 글의 속도는 떨어진다. 천천히 쓰면 당연히 문장이 압축되어 읽는 이에게 글의 속도감이 강하게 느껴진다.

나는 가장 속도가 빠른 글로 장 콕토의 『사기꾼 토마』와 『그랑 데카르』를 꼽는데, 그 문장의 밀도가 지닌 신속한 속도감은 번역에서도 실감 나게 엿볼 수 있다. 일본 문학에서는 앞에서 인용한 『시부에 주사이』의 한 구절이 대표적인 속도감 있는 문장이라 할 수 있다.

　차가운 밤은 별과 희게 빛나는 조명탄으로 아로새겨져 있었다. 기욤은 비로소 혼자가 된 자신을 발견했다. 마지막 막이 오르는 것이다. 어린아이와 아동극이 서로 섞이는 것이다. 기욤이 드디어 사랑을 알게 되었다.
　멀리 돌아가는 대신 그는 최전선의 흉벽을 따라 매립지까지 갔다. 거기서부터는 기어가야 했다. 브뢰이유와 그는 이런 원시 부족 같은 훈련을 잘했다.
　몇 미터 가서, 그는 시체 하나와 맞닥뜨렸다.
　한 영혼이 이유도 없이 서둘러 육체를 버리고 떠났다. 그는 차분히 시체를 살펴보았다.
　그는 계속 기어갔다. 또 다른 시체를 만났다. 이 시체는 학살되었는지, 취객이 벗어 던진 겉옷과 구두와 넥타이와 와이셔츠처럼 내팽개쳐져 있다.
　진흙 때문에 기기가 어려웠다. 진흙은 때때로 벨벳처럼 미끄러워 걷기 힘들게 하고, 또 때때로 유모 같은 입맞춤으로 만류하기도 한다.

기욤은 멈춰 섰다가 기다리고, 그리고 다시 움직였다. 그는 여기서는 전력을 다해서 살고 있었다.

앙리에트에 대해서도 드 봄 부인에 대해서도 생각하지 않았다. 그때 문득 드 봄 부인의 이미지가 그의 뇌리에 떠올랐다.

교통호가 있는 이 부근은 수뢰 때문에 원래 모습을 알아볼 수 없지만, 네댓새 전에 드 봄 부인이 불안을 호소했던 곳이라는 것을 그는 기억해냈다.

어쨌든 우린 운이 좋아. 그는 마음속으로 생각했다. 항상 이 방어지대가 아주 평온하다고 생각했었는데, 공작 부인은 무슨 일이 일어날지 느꼈던 거지. 이 참호가 파괴될 것을 그녀는 예감하고 있었나 봐.

—장 콕토, 『사기꾼 토마』, 가와모리 요시조 번역

나는 글을 나중에 정정하지 않는다. 완성된 글은 각각 내 나이대, 그 시절의 생각, 느꼈던 것의 진실을 드러내고 있으므로, 그것을 시간이 지난 뒤에 수정하는 일은 불가능하다고 생각하기 때문이다. 내게 퇴고라는 작업은 원고지 한 장 한 장의 승부이다. 그리고 원고지 한 장 속에서 문장이 제대로 바르게 자리를 잡고 일정한 밀도를 유지하며 애매한 부분이 없으면 다음 장으로 넘어간다.

단편소설만 썼을 때는 문장 속에 평범한 한 줄이 끼어드는 것이 매우 불쾌했다. 그러나 그것은 소설가에게 사소한 결벽증에 불과하다는 것을 깨달았다. 평범함을 아름답게 보이게 하고 전체에 녹여 내는 것이, 소설이라는 상당히 지루한 작업의 중요한 요소다. '달이 떴다. 지붕 차양이 밝아졌다. 두 사람은 산책을 나갔다'라는 문장을 쓸 때, 예전의 나였다면 거기에 여러 가지 감각적 발견을 아로새겼을 것이다. 달에는 수식이 붙고, 차양의 밝기에는 특유의 색조 표현이 가미되었을 것이다. 그러나 나는 이제 그런 부분에 노력을 아끼고, 오히려 자연스럽고 평탄한 문장의 부분 부분에 매듭을 만드는 일에 열중한다. 매듭이 너무 많으면, 그 문장을 삼키다가 목에 걸리기 때문이다. 그리고 나는 문장이 너무 개성적인 외관을 갖는 것을 경계한다. 그렇게 하면 독자는 작가의 개성에만 정신을 뺏겨 이야기를 읽지 않기 때문이다.

나는 또 두세 줄마다 같은 단어가 나오지 않도록 주의한다. 예를 들어 앞에 '병이 났다'라고 썼다면 다음에는 '몸이 아팠다'라고 쓰려고 한다. 또한 옛 중국 고전의 대구對句의 영향이 내 안에 남아 있어서, 예를 들면 '그녀는 이성을 경멸했다'라고 써야 할 곳에 '그녀는 감정을 존중하고 이성을 경면했다'는 식으로 쓰는 것을 선호한다. 이것은 내 넥타이의 취향 같은 거라 바꿀 수가 없다.

나는 또 행동묘사를 간결하게 처리하려고, 앞서 준비적 심리묘사와 풍경묘사를 하는 일이 있다. 각각의 목적에 따라서 문장에 대한 고민은 다양한 형태를 취한다.

문장 속에 일관된 리듬이 흘러야 하는 것도 나에게는 도저히 버릴 수 없는 요건이다. 리듬을 7·5조에 맞추지는 않지만, 언어의 미묘한 치환을 통해 리듬의 흐름을 방해하는 작은 돌을 제거한다. 일부러 작은 돌을 흐름 속에 많이 던져 넣어 문장을 삐걱거리게 해서 인상을 강화하는 기법도 있는데, 나는 그것보다는 작은 돌을 다양하게 바꿔 넣어 물의 리듬을 재미있게 하는 데 주의를 기울인다. 한자와 독일어가 절충된 니시다 기타로西田幾多郞의 문장의 음악적 울림이 굉장히 그립다. 그것은 옛날 음악처럼 언제나 내 마음에 울림을 준다. 릴라당의 문학은 바그너의 음악을 떠오르게 한다는데, 문장에서 시각적인 아름다움도 중요하지만, 나는 일종의 중후한 리듬감에 쉽게 감동하는 편이다. 그러나 바그너 같은 문체는 내가 아무리 시도해도 절대 따라 할 수 없을 것이다.

 전날 쓴 글을 다시 읽어 보면, 육체적 정신적으로 최상의 컨디션일 때 어떤 흥분 상태에서 쓴 문장에는 다시는 재현할 수 없는 뜨거움이 가득하다. 긴 소설을 쓸 때, 그런 뜨거움을 느낀 뒤에 미지근한 마음으로 글을 이어가려고 할 때만큼 고통스러운 일은 없다. 그러나 멀리 보면, 인간의 내적인 리듬은 무의식 속에 지속되고 있는 것이라, 그 사이사이에는 큰 기복이 있고 치밀함과 조잡함의 차이가 있는 듯이 보여도 나중에 자신의 작품을 다시 읽어 보면 대개 같은 리듬으로 오르내리고 있다는 것을 알 수 있다. 작품을 오래 쓰다 보면 그 작품이 가진 리듬이 언젠가 자신의 리듬이 될지도 모른다.

나는 또 중간에 문장을 다시 읽고, 과거형이 많은 부분을 몇 군데 현재형으로 고칠 때가 있다. 이것은 일본어의 특권인데 현재형 시제를 연속되는 과거형 사이에 뜬금없이 끼워 넣어 문장의 리듬을 마음대로 바꿀 수 있다. 일본어 동사는 도치법을 제외하고 문장 맨 뒤에 오는 특징이 있어서, 과거형의 시제가 계속될 때는 '-했다' '-했다' '-했다'라는 말이 지나치게 연속되는 경향이 있다. 따라서 적당한 현재형 삽입은 필요하다.

또 나는 『파도 소리潮騷』 같은 이야기체 소설에서 '-하는 것이었다'라는 어미를 즐겨 사용했다. 이 말은 서사적 분위기를 강화한다. 그러나 사실주의 소설에 '-하는 것이었다'가 많이 사용되면 내용이 너무 로마네스크적으로 보이는 경향이 있다. 그때는 호리구치 다이가쿠堀口大学가 번역한 라디게의 소설에 심취해서 '-하는 것이었던 것이다'라는 비장한 서사적 문체의 영향을 많이 받았는데, 지금 와서 보니 부끄럽다.

언젠가 오오카 쇼헤이와도 이야기한 적이 있는데, '그'라는 인칭은 쓰기 쉬운데 '그녀'는 잘 안 쓰게 된다. '그녀'라는

---

* 일본어의 '그(彼)'는 남녀를 한정하지 않는 대명사였는데, 메이지 시대에 서양 문물이 들어오면서 여성용 삼인칭 대명사인 'she'의 번역어가 필요해져 '그녀(彼女)'라는 신조어가 생겼다.

말은 일본어로서 아직 익숙하지 않은 면이 있어서 '그녀'를 무신경하게 남발한 소설을 읽으면 눈살을 찌푸리게 된다.

그래서 나는 여성 등장인물일 경우 되도록 이름을 여러 번 반복해서 사용하고, 될 수 있으면 '그녀'라는 인칭 사용을 피한다. 말이 나온 김에 말하자면 이러한 언어 감각은 사람마다 달라서, 나는 소설이 아닌 수필 문장에 '나僕'라고 쓰는 것을 좋아하지 않는다. '나'라는 말의 일상 회화적인 건방짐과 짐짓 젊음을 과시하는 듯한 느낌은 문장의 기품을 훼손하기 때문이다. 나는 '나'라는 말은 대중 앞에서 사용하는 말이라고 생각하지 않는다. 그것은 대화에서만 사용해야 할 것이다.

물론 문장의 목적에 따라 우리의 언어 감각이 다양하게 변한다. 예를 들면 소설에서 나는 영화배우의 이름을 쓰는 것을 좋아하지 않는다. 지금은 누구나 다 아는 매릴린 먼로도 시간이 지나면 아무도 모를 수 있기 때문이다. 나의 문장이 내년에 사라진다 해도, 적어도 십 년 뒤를 생각해야 문장을 쓰는 즐거움이 있을 것이다. 그래서 만일 소설에 '매릴린 먼로 같은 여자'라는 표현을 쓴다면, 십 년 후의 독자는 그 여자의 개념을 아무것도 파악할 수 없게 되어버릴 것이다. 그러나 이런 결벽주의는 소설 작품이나 희곡에서만 발휘되

---

* 남성이 사적인 자리에서 사용하는 일인칭. 일본어에서는 일인칭을 나타내는 말이 다양해서 성별이나 상황에 따라 구분해서 쓰기도 한다.

는 것이라 수상록이나 수필, 잡문에서 영화배우 이름을 쓰지 않으려는 건 무리가 있다.

내가 소설가라서 그런지 소설 이외의 평론이나 수필의 문체는 아무래도 소홀히 하게 된다. 그리고 내 취향이나 결벽주의를 버리고 속어도 사용하고, 때로는 일부러 실없고 가벼운 표현도 사용한다. 그 대신 논리적 정확성에 신경을 쓰고, 작가로서의 논리에 대해서 일종의 쑥스러움을 느낄 때면 일부러 저속하고 가벼운 표현을 덧붙여 쓰는 일도 있다.

지금 이렇게 글을 쓰고 있지만, 작년에 쓴 문장은 모두 불만스럽고, 지금 쓰고 있는 문장도 내년에 보면 불만스러울 것이다. 그것을 발전하는 증거라고 생각한다면 지나치게 낙천적인 생각이고, 불만족 속에 정체하고 불만족 속에서 퇴보하기도 하는 것은 제 얼굴을 볼 수 없는 인간의 숙명이기도 하다. 자신의 문장 취향도 다양하게 변화하는데, 꼭 나쁜 취향에서 좋은 취향으로 변화한다고는 단언할 수 없다. 그러나, 그래도 여전히 현재의 자기 자신이 납득할 수 있는 글을 쓰는 게 중요하다.

누가 들으면 부르주아적 취향이라고 할지노 모르지만, 나는 글의 최고 목표를 격조와 기품에 둔다. 예를 들면 정확한 문장이 아니라도 격조와 기품이 있는 글을 나는 존중한다. 현대 작가에 대해서도, 나는 나 자신의 고집스러운 취향에 따라 세상의 평가와는 완전히 다른 평가를 내린다. 일본어가 점점 잡다해지고 뒤죽박죽되면서 현대의 풍조에 따라 불량배의 말이 신사의 말과 뒤섞이고, 창녀의 말이 양갓집 여인의 말과 서로 섞이는 이런 시대에 기품과 격조 있는 문장을 추구하는 것은 시대착오일 수도 있다. 그러나 한마디로 표현할 수 없는 문장상의 기품이나 격조라는 것은 어둠에 눈이 익숙해짐에 따라 사물이 분명히 보이기 시작하듯이, 반드시 후세 사람들의 눈에 드러날 것이다.

구체적으로 말하면 문장의 격조와 기품은 어디까지나 고전적 교양에서 태어나는 것이다. 그리고 고전시대의 미美의 단순함과 간결함은 시대가 달라져도 마음을 감동시키므로 현대의 복잡성을 표현한 복잡하기 그지없는 문장조차, 조잡한 현대의 현상에 굴복하지 않는 한 어딘가에서 이 고전적 특질을 통해 현대의 현상을 극복하고 있을 것이다. 문체를 통한 현상의 극복이 문장의 최종적 이상인 한, 결국 문체의 최종적 이상은 기품과 격조일 것이다.

부록
질의응답

1. 사람을 도취시키는 글은?
2. 에로티시즘의 묘사는 어디까지 허용되나?
3. 글이 곧 그 사람이라는 말은?
4. 글은 생활환경에 좌우될까?
5. 동물을 표현한 좋은 글은?
6. 가장 아름다운 기행문은?
7. 어린이의 글에 대해
8. 소설 최고의 미인은 누구?
9. 소설 주인공이 정복하는 여성의 수에 대해
10. 글을 쓸 때의 영감이란?
11. 유머와 풍자의 차이는?
12. 성격묘사에 대해
13. 방언으로 쓴 글에 대해
14. 좋은 비유란?
15. 조어란?

1. 사람을 도취시키는 글은?

한 방울의 색을 집어넣기도 그에게는 쉬운 일이 아니었다. 바늘을 넣고 뺄 때마다 숨을 깊게 내쉬며, 자신의 마음이 찔리는 것 같았다. 바늘 자국이 차츰 거대한 무당거미 형태를 갖추더니 다시 날이 희뿌옇게 밝아올 무렵에는 신비한 마성을 가진 동물이 여덟 개의 다리를 꿈틀거리며 도사리고 있었다.

봄밤은 강을 오가는 배들의 노 젓는 소리에 새벽으로 바뀌고, 아침 바람을 안고 내려오는 흰 돛대 꼭대기에서부터 흐려지는 안개 너머로, 나카스, 하코자키, 레이간지마에 있는 집들의 기와지붕이 반짝일 무렵, 세이키치가 잠시 붓을 내려놓고 아가씨의 등에 새겨진 거미 모양을 쳐다보았다. 이 문신이야말로 그의 목숨 전부였다. 그 일을 마친 그의 마음에는 그 무엇도 남아 있지 않았다.

—다니자키 준이치로, 『문신』

다니자키의 초기 문장은 그야말로 사람을 도취시킨다. 여기에는 걸쭉한 고급술의 맛이 있다. 그런 문장은 눈을 즐겁게 해서, 위험한 마약처럼 사람이 현실과 이성을 등지게 한다. 그런데 글이라는 것은 아무리 이성적이고 논리적이어도 어딘지 모르게 사람을 도취시키는 작용을 한다. 심지어 철학자의 글에 도취될 수도 있다. 다만 취기에도 싸구려 막술의 취기와 고급술의 취기가 있고, 달콤한 술에서 드라이한 술까지 여러 종류가 있듯이, 수준이 낮은 독자는 수준 낮은 술에 취하고, 수준 높은 독자는 고급술에 취한다. 자신을 취하게 하지 못하는 글이 다른 사람을 충분히 취하게 할 수도 있다. 다만 글에는 알코올처럼 만인을 취하게 하는 공통 요소가 없을 뿐이다.

2. 에로티시즘의 묘사는 어디까지 허용되나?

『채털리 부인의 사랑』의 리얼리즘 묘사가 화제가 되면서 결국은 소송으로 발전하고 발행이 금지되었다. 로런스는 성행위를 묘사하기 위해서가 아니라 그의 사상을 표현하는 수단으로 사용한 것에 불과하다. 어쩌다 동인지를 펴서 읽다

보면, 서툴고 외설적인 성교 묘사가 많이 나온다. 가와카미 데쓰타로의 주장에 따르면 성행위는 스포츠와 같아서 반복을 통해 숙달되고 반복하는 사이에 쾌락을 발견하는 성질의 행위이므로 둘 다 내적 특질을 글로 표현하는 것은 불가능하다고 한다. 이는 지극히 타당한 말이며, 성행위 자체를 묘사한 좋은 글이라는 것은 없다. 이것은 「행동묘사」 부분에서 내가 자세히 설명한 것과 같은 원리이다.

6대 바이코梅幸*가 가부키 무대에서 방으로 들어갔다가, 남자와 잔 후에 옷의 매듭을 다르게 묶고 나오는 장면이 있는데, 이것이 성행위를 예술적으로 암시하는 아름다운 예가 아닐까. 오히려 구체적인 성교 묘사에서는 외설을 찾아볼 수조차 없다. 우리가 문학에서 받는 에로틱한 감동은 일단 두뇌와 이성을 통과해서 얻는 것이므로, 본질 면에서 관념적인 것이다. 따라서 우리는 글에서 직접 성적 만족을 얻지 않고 관념적 성의 자극을 받는 셈이다. 사르트르는 자기의 주체가 몰입하지 않고 관념만이 자극되는 상태, 즉 숨어서 좁은 구멍으로 엿보듯이 타인의 성행위를 보는 즐거움을 외설이라고 정의한다. 글은 추상적일수록 외설에 가까워지는 것이다. 이런 확신으로 라클로는 『위험한 관계』라는 추상적인 소설을 써서 관념적인 것이 가장 외설적이라는 진리를 실제로

---

* 일본 전통예술계에서는 '습명(襲名)'이라고 해서 선조의 이름을 대대로 물려받는 전통이 있다.

증명했다.

그러므로 만일 법률과 대중이 조금 더 현명했더라면 '채털리 부인'을 벌하기보다 먼저 『위험한 관계』를 벌했을 것이다. 다만 그 외설은 높은 수준의 지성을 매개로 하는 외설이므로 일반성이 없을 뿐이다.

3. 글이 곧 그 사람이라는 말은?

이 오래된 격언은 궁극적으로는 진리이다. 나는 「가와바타 야스나리론」에서 그런 말을 쓰면서 결국에 작가의 글 또는 작품이라는 것은 알게 모르게 작가의 삶과 유사성을 보이게 된다고 했는데, 발레리도 저 유명한 격언을 통해 작가는 오히려 작품의 결과라고 주장한다. 그래서 글이 작가와 하나가 되었을 때 비로소 글이라고 할 수 있는 것이지, 아주 낮은 단계에서는 글이 곧 사람이라고 할 수는 없다. 일반인 중에는 매우 저속한 정신세계를 가졌으면서도 품격이 있어 보이는 글을 쓸 수 있는 사람도 있고, 말이란 것이 누구의 눈에도 자유자재로 조정할 수 있는 것처럼 비치기도 한다.

4. 글은 생활환경에 좌우될까?

글은 이 책의 목적이 그러하듯 긴 수련과 전문적 여정을 필요로 한다. 사람은 행동하면서 동시에 글을 쓸 수 없다. 말은 반드시 행동 뒤에 오는 것이다. 현대사회에서 우리 생활은 기계화되고 조잡한 문장이 만들어지기 쉬운 환경이 되고 있다. 일례로 신문기자가 쓴 글을 읽어 보면 확실히 알 수 있을 것이다. 그러나 그것은 문장이 생활환경에 좌우되는가 아닌가 하는 문제보다는 문장을 만든다는 결의와 이상의 문제이다. 예를 들어 부엌일하다 짬짬이, 바쁜 회사 업무를 보다가 짬짬이 쓰면서, 만일 글에 대한 높은 이상과 좋은 취향을 잃지만 않으면, 결론적으로 생활환경에 좌우된다고는 할 수 없다. 그러므로 나는 노동자의 문장이라느니 생산자의 문장이라느니, 글에 따른 계급 구분으로 글을 평가하는 일부의 풍조에 반감을 느낀다.

5. 동물을 표현한 좋은 글은?

이건 누구에게 물어도 시가 나오야의 「기노사키에서城の崎にて」를 꼽는 게 상식이다.

점점 어둑어둑해졌다. 가도 가도 모퉁이가 나왔다. 여기서 그만 되돌아가려고 했다. 나는 무심코 옆에서 흐르는 강물을 보았다. 맞은편 경사진 곳에 강물 위로 튀어나온 네모난 바위에 검고 작은 것이 있었다. 도롱뇽이었다. 아직 젖어 있어서 색이 보기 좋았다. 머리를 아래로 두고 경사진 바위에서 강물을 바라보고 가만히 있었다. 몸에서 떨어진 물이 검게 마른 바위로 삼 센티 정도 흐르고 있다. 나는 그것을 무심히 웅크리고 보고 있었다. 나는 예전만큼 도롱뇽을 싫어하지 않게 되었다. 도마뱀은 꽤 좋아한다. 도롱뇽은 좋지도 싫지도 않다. 도마뱀붙이는 벌레 중에서도 제일 싫다. 십 년쯤 전에 아시노코 호수에서 도롱뇽이 여관 구정물 배출구에 모여 있는 것을 보고, 만일 나였으면 견딜 수 없었을 것 같다는 생각을 자주 했다. 만일 도롱뇽으로 다시 태어난다면 나는 어떻게 할까, 그런 생각을 했다. 당시에는 도롱뇽을 보면 그 광경이 떠올라 도롱뇽을 보는 게 싫었다. 하지만 이제 그런 생각은 하지 않게 되었다. 나는 도롱뇽을 놀래줘서 물에 빠뜨려야겠다는 생각이 들었다. 어설프게 몸을 흔들며 걷는 모습이 상상되었다. 나는 웅크린 채, 옆에 있던 작은 공만 한 돌을 집어 던졌다. 나는 딱히 도롱뇽을 겨냥하지는 않았다. 겨냥했다 하더라도 전혀 맞지 않을 정도로, 조준을 잘 못하는 내가 그것을 맞출 줄은 생각도 못 했다. 돌은 퐁당 하고 물속에 떨어졌다. 돌이 떨어지는 소리와 동시에 도롱뇽은 한 뼘 정도 옆으로 튀어 오른 것처럼 보였다. 도롱뇽의 꼬리가 젖혀지며 위로 올라갔다. 나는 영문을 몰라 쳐다보고만 있었다. 처음엔 돌이 맞았으리라고는 생각하지 못했다. 젖혀진 도롱뇽의 꼬리가 다시 조용히 내려왔다. 그러더니 팔꿈치를 뻗어 경사면을 버티면서 앞을 받치고 있던 양쪽 발가락이 안으로 말려 들어가며 도롱뇽은 힘없이 앞으로 고꾸라져버렸다. 꼬리는 완전히 돌에 붙어 있었다. 이제 움직이지 않는다. 도롱뇽은 죽어버렸다. 나는 괜한 짓을 했다고 생각했다. 내가 곤충을 자주 죽이기는 하지만, 전혀 그럴 의도 없이 죽여버린 것은 나에게 묘한 불쾌감을 주었다. 물론 내가 한 일이기는 했지만 정말 이건 우연이었다. 도롱뇽에게는 그야말로 뜻하지 않은 죽음이었다. 나는 한참을 그곳에 쭈그리고 앉아 있었다. 도롱뇽과 나만 남은 듯한 기분이 들었고, 나는 도롱뇽이 되어 그 마음을 느꼈다. 불쌍하다는 생각과 생물의 서글픔을 같이 느꼈다. 나는 우연히 죽지 않았다. 도롱뇽은 우연히 죽었다. 나는 서글픈 마음으로 간신히 발밑을 보며 걸어 온천 숙소로 돌아왔다. 멀리서 변두리의 빛이 보이기 시작했다. 죽은 벌은 어떻게 됐을까. 그 후에 내린 비로 이제 땅 밑으로 들어가버렸겠지. 그 쥐는 어떻게 됐을까. 바다로 쓸려 나가 지금쯤 물에 불은 몸이 쓰레기와 함께 해안가에라도 떠밀려 올라갔겠지. 그리고 죽지 않은 나는 이렇게 걷고 있구나. 그렇게 생각했다. 나는 그 사실에 감사해야 할 것만 같은 느낌도 들었다. 그러나 실제로 기쁜 마음은 들지 않았다. 살아 있는 것과 죽어버린 것, 그것은 양극이 아니었다. 차이가 거의 느껴지지 않았다. 이제 꽤 어두워졌다. 시각은 멀리 불빛을 느낄 뿐이었다. 시야가 어두워져 발을 디디는 감각도 너무나 불확실했다. 단지 머리만이 멋대로 활동을 한다. 그것이 나를 한층 그런 기분으로 유도해 갔다.

—시가 나오야, 「기노사키에서」

완전히 즉물적으로 동물을 묘사한 글인데, 즉물적으로 묘사함으로써 상징에 도달하는 것이 일본 문장의 비법이라고 인식되고 있었다. 다만 이 무렵 오에 겐자부로의 글처럼 동물에 대한 인간의 행동이 성적 대상에 대한 행동처럼 그려지고 있는 문장도 동물이 가진 일종의 아름다움을 표현하고 있다.

 어렴풋이 밝아오는 밤하늘에서 비둘기장에 세워진 회색 깃발이 펄럭이면서 갑자기 떠오르는 것 같았다. 그 가는 깃대 아래에 있는 비둘기장, 키가 크고 마른 사람처럼 빈약한 비둘기장은 어둠에 숨어 보이지 않았다. 나는 거의 기어서 다가갔다.
 수위의 숙소 낮은 돌출된 창 아래를 지나 그 건너의 어두운 공간으로 몸을 뻗으려고 했을 때, 비둘기의 불안한 날갯짓 소리가 나를 덮쳤다. 입술을 깨물고, 등을 널빤지 벽에 붙이고 목을 빼고 들여다보니, 햇빛에 바래고 비를 맞아 변색한 함석 상자의 휘어서 젖혀진 좁은 철망 틈으로 꿈틀거리는 것이 보였다. 나는 갑작스러운 두려움에 몸이 얼어붙었다. 작고 검은 그림자로만 윤곽이 보이는 사람 손바닥이 쫙 펴져서 흔들리고 있다. 그리고 비둘기장을 지탱하는 나무틀 아래에는 반바지를 입은 가늘고 가냘픈 아이의 다리. 억눌린 비명이 목구멍 속에서 녹고, 소리치며 도망가고 싶은 광기 같은 발작이 급격히 잦아들었다.
 그리고 나는 철망 사이에 낀 검은 손이, 어두운 구석에서 파닥거리기 위해 날개를 펼치려고 하는 비둘기의 몸을 단단히 쥐고 경련하듯이 힘을 주는 것을 보았다. 급하게 빼는 손에서 축 늘어져 있는 비둘기의 부드러운 청회색 목 부분의 공기가 갈색 밤공기 속으로 새어 나오듯 빠져나왔다. 나는 숙소의 널빤지 벽에서 등을 떼고 앞으로 한 발을 내디뎠다. 정사 뒤의 그것처럼 힘없이 오그라든 비둘기 사체를 한 손에 꽉 쥔 채 원장의 양자가 놀라서 입술을 벌렸다. 내가 노려보자 움직이지도 못한다. 나는 화가 치밀어 올라 나의 엉덩이와 등에서 시작해서 목덜미까지 뜨거워졌다.

  아아 하고 그 혼혈아는 숨을 헐떡이며 몸을 떨기 시작했다. 아아, 아아 하고 비둘기를 꽉 쥔 채로 그는 고개를 들고 내 시선 아래서 계속 낮게 숨을 몰아쉬었다. 나는 거칠게 한 걸음 더 내디디며 원장 숙소로 가는 퇴로를 막았다. 내 움직임에 기가 죽어 비둘기를 꽉 쥔 채로 혼혈아는 몸을 돌려 내가 조금 전 넘었던 울타리를 향해 두세 걸음 달리더니, 옅은 구름 사이로 비치는 진줏빛 광택의 밤빛 속에 완전히 모습을 드러내며 나를 돌아보았다. 그의 얼굴이 긴장해서 핏기가 사라지고 입술이 마르고 오랜 병을 앓은 뒤처럼 힘없이 떨리는 것을 보고, 내 온몸에 따끔따끔한 열기가 퍼졌다. 나는 이제 몸을 구부리지 않고 흐린 빛 속으로 나섰다.

―오에 겐자부로,「비둘기」

동물에 대한 신기한 성욕 묘사는 다니자키의 『고양이와 쇼조와 두 여자』에서 정점에 달한다고 할 수 있다.

"릴리야."
"야옹."
"릴리야."
"야옹."

 몇 번이고 그녀가 이름을 불러도 그때마다 릴리는 대답을 했는데, 지금까지 이런 적은 단 한 번도 없었다. 자기를 예뻐하는 사람, 또 자기를 싫어하는 사람을 잘 구별해서, 쇼조가 부르면 대답하지만 시나코가 부르면 모른 척했다. 그런데 오늘 밤에는 몇 번을 불러도 귀찮아하지 않고 대답도 하고 나중에는 애교까지 섞어서 아주 다정한 소리를 내는 것이다. 그리고 파랗게 빛나는 눈동자를 들고, 몸에 물결을 일으키며 난간 아래까지 왔다가 다시 스윽 저쪽으로 가버린다. 고양이의 마음이 되어 생각해보면, 아마 자신이 쌀쌀맞게 대했었지만 오늘부터는 예쁨을 받으려고 조금쯤 지금까지 잘못한 것을 사과하는 마음을 담아서 저런 소리를 내고 있나 보다. 태도를 싹 바꿔서 이제는 보살핌을 바란다는 것을 어떻게든 알리려고 애쓰는 것이다. 시나코는 처음으로 이 동물에게서 상냥한 답을 들은 것이 어린아이처럼 기뻐서 몇 번이나 불러보지만 안으려고 하면 좀처럼 잡히지 않아서, 일부러 한참 창가에서 떨어져 있었더니,

잠시 뒤 릴리는 몸을 휙 날려 방 안으로 뛰어 들어왔다. 그리고 아주 의외로 침대에 앉아 있는 시나코 쪽으로 똑바로 걸어와서 그녀의 무릎에 앞발을 올렸다.

이게 웬일이야, 그녀가 놀라고 있는 사이에 릴리는 그 애수에 찬 눈길로 가만히 그녀를 쳐다보면서 그녀의 가슴 언저리에 기댄 채, 플란넬 잠옷의 옷깃에 이마를 꾹꾹 누른다. 그녀도 함께 뺨을 비벼주니, 턱이며 귀며 입가며 코끝을 마구 핥아댔다. 그러고 보니 고양이는 단둘이 있으면 입을 맞추고 뺨을 비비며 완전히 사람과 같은 방식으로 애정 표현을 한다던데, 바로 이런 거구나. 항상 남이 안 보는 데서 남편이 몰래 릴리를 데리고 놀 때 이러고 있었던 걸까. 그녀는 털에서 나는 고양이 특유의 햇볕 냄새를 맡고, 거슬거슬하게 살갗에 닿는 듯한 간질간질한 혀의 감촉을 얼굴 전체에 느꼈다. 그리고 갑자기 견딜 수 없이 사랑스러워졌다.

"릴리야."

이름을 부르며 저도 모르게 꽉 끌어안으니, 털 군데군데에 차갑게 빛나는 뭔가가 있었다. 방금 내린 비에 젖어서 그랬구나 하고 비로소 짐작이 갔다.

- 다니자키 준이치로, 『고양이와 쇼조와 두 여자』

6. 가장 아름다운 기행문은?

이 책에서 기행문을 언급할 여유가 없었는데 내가 가장

아름다운 기행문이라고 믿는 것은 기노시타 모쿠타로木下杢太郎의 문장이다. 나는 글을 통해 낯선 타국을 동경하게 되었고, 그 나라에 가서도 기노시타의 글을 통해 사물을 보고 있는 느낌마저 들었다.

이른 오후에 여관 식당에서 점심을 먹고 그를 방문하기 위해 동네를 찾아다녔습니다. 오후의 거리는 호세 마리아 드 에레디아의 시구처럼 강렬하고도 한적한데, 새파란 하늘을 지배하는 태양의 위력이 계란색 건축물을 압박하고, 좁은 보도에 해양처럼 짙은 녹색 그늘을 드리웁니다. 요란하게 장식된 쇠창살 문으로 들어서면, 좁은 앞마당 뒤로 돌을 깐 넓은 응접실이 펼쳐집니다. 쿠바의 집에는 반드시 해가 들도록 안마당을 만들고 집의 모든 방문을 그곳으로 냅니다. 그리고 마당에는 각종 야자수, 엽란같이 생겨서 잎에 물결무늬가 있는 산세비에리아, 홍자색이 아름다운 크로톤, 그리고 가끔은 계수나무를 심습니다. 카나리아, 문조 같은 새를 녹색으로 기름 먹인 새장 안에 키웁니다. 오후 햇살이 벽면이나 나뭇잎에 그 금빛 머리카락을 흩날려 환상적인 빛으로 안뜰이 반짝이면, 마치 『아라비안 나이트』의 환상이 실현된 것 같은 느낌이 듭니다.

—기노시타 모쿠타로, 『쿠바 기행』

7. 어린이의 글에 대해

어린이의 문장은 표현의 기발함과 허를 찌르는 생생한 감각과 일종의 변형된 재미로 사람들의 주의를 끈다. 야마시타 기요시山下淸*의 글은 어린아이 같은 문장으로 사람들에게 사랑받는다. 그러나 그것은 어디까지나 일부의 글일 뿐이고, 어린이의 시나 작문의 기발함은 시간이 지나면서 희석되어 야마시타처럼 일종의 환자가 아닌 한 나이를 먹으면서 매력이 흐려진다. 그리고 어른의 상식에 물들었어도 여전히 마음속에 어린아이다운 신선한 감각을 번득이고 있어야 진정한 글의 재미이다. 어린이는 어른보다 더욱 '사물의 세계'에 친근함을 느낀다. 아이들은 주변 어른들보다 손에 든 장난감이나 정원의 나무나 주위에 굴러다니는 곤충이나 동물들하고 더 친밀한 관계를 유지한다. 그런 발견이 우리를 놀라게 하는 것인데, 우리가 그런 관계를 이미 잃어버렸기 때문이다. 그리고 이런 아이의 세계를 어른의 눈으로 바라본 장 콕토의 『무서운 아이들Les enfants terribles』이나 다니자키 준이치로의 『작은 왕국小さな王国』 같은 예술은 우리를 다시 아이의 세계로 인도하므로 내게는 아이가 쓴 문장보다 어른의 영혼이 아이의 세계를 다룬 문장이 더 귀중하다.

---

* 일본의 화가. 어린 시절 심각한 소화불량 후유증으로 언어장애와 지적장애를 앓았다.

8. 소설 최고의 미인은 누구?

이건 아주 쉬운 질문이다. 글로 표현된 소설 최고의 미인은, 만일 당신이 소설을 쓰면서 '그녀는 동서고금의 소설 속에 나타난 여성 중에서 최고의 미인이었다'라고 쓰면 그게 최고 미인이 된다. 언어의 이런 추상적 성질로 인해 소설 속 미인의 본질이 규정된다. 바로 소설이 연극이나 영화와 본질적으로 다른 점이다. 이 역시 소설과 역사의 차이이기도 해서 역사에서 사상 최고의 미녀라고 하면 어떠한 증거가 있어야 하지만, 소설은 그 자체로 성립이 되는 소우주이므로 아무런 사실의 뒷받침 없이 소설의 최고 미녀라는 존재는 언제든 아무 때나 아무 장소에나 출현한다. 그러나 내가 읽은 것 중에서 가장 여신에 가까운 미녀를 고르라면 릴라당이 그려낸 '베라'를 꼽겠다.

9. 소설 주인공이 정복하는 여성의 수에 대해

최근 방탕아로 유명한 T 씨의 고백에 따르면 그는 쉰이 넘은 나이까지 4,700명의 여자를 정복했다고 한다. 제아무리 히카루 겐지나 요노스케*라도 '평생 희롱하며 논 여자 수가 3,742명, 데리고 논 미소년이 725명' 정도밖에 정복하지 못했다. T 씨는 요노스케의 수를 뛰어넘었다는 것에 큰 자부심

---

* 이하라 사이카쿠의 『호색일대남』의 주인공.

을 느끼고 있다. 그러나 '사실'이 '글로 쓴 예술'을 뛰어넘기란 아주 쉬운 일이다. 인간의 상상력에는 한계가 있어서 사실이 항상 상상력을 넘어선다. 예를 들면 동서고금의 학살이나 살육을 기록한 작품이 아무리 많아도, 원자폭탄의 참상과 비교가 되지 않는다. 사실의 영역은 이렇게 수로 밀어붙인다. 그리고 소설가는 숫자 하나하나에 구체성을 부여하고 언제나 주제와 관련지어서 소설적 구조를 단순 명쾌하게 해야 하므로, 저절로 숫자의 제약을 받게 된다. 실제로 현실 속의 방탕아는 히카루 겐지나 요노스케보다 많은 수를 소화할 수 있다. 그러나 그 여성 하나하나에 대한 정감의 섬세함이나 하나하나의 연애의 구체성에 대해서는 무엇 하나 기억하지 못하는 것이 보통이며, 그런 기록 중에 가장 사실에 가까운 것이 카사노바 회고록일 것이다. 카사노바는 회고록에서 자신의 인생을 충실히 재현했는데, 거기서는 카사노바라는 한 남성이 그린 욕망의 궤적을 따라갈 뿐, 상대 여성의 성격이나 개성은 거의 무시되고 있다고 해도 과언이 아니다.

  숫자에 매몰되는 것은 사실에 매몰되는 일이다. 소설가는 사실에서 하나의 이야기를 조각해내므로, 본래 이러한 숫자의 영역과 적대되는 입장이다. 그러나 가끔 소설가들은 자신의 소설 속의 사건이나 인물에 사실성을 부여하기 위해 숫자를 끌어다 쓴다. 오다 사쿠노스케織田作之助가 소설에서 금전의 액수이든, 여자의 숫자든, 건물의 높이든, 물건값이든, 모두 사실적인 숫자를 이용하라고 권하는 것은 소설가의 리얼리즘 추구가 드러난 것이다. 이러한 점에서 가장 극단적인 것은 마르키 드 사드이다. 사드의 『소돔 120일』 마지막에서는 일일이 묘사할 짬이 없어져서, 저자가 숫자 표를 제공하고 있다. 예를 들면 다음과 같다.

> 3월 1일 이전에 농락당하다 학살된 사람의 수: 10명
>
> 3월 1일 이후에 학살된 수: 20명
>
> 살아서 돌아온 수: 16명
>
> 합계: 46명

이렇게 기발한 소설적 기록은 정말 드물 것이다.

10. 글을 쓸 때의 영감이란?

이에 대해서는 롬브로소[*]가 여러 천재의 재미있고 이상한 버릇에 관해 기술한 게 있어서 인용을 해보겠다.

> 라그랑주^{**}는 글을 쓸 때 맥박이 빨라지는 것을 느꼈다.
>
> 실러^{***}는 얼음 속에 발을 집어넣었다.
>
> 파이시엘로^{****}는 산더미 같은 이불 속에서 작품을 썼다.
>
> 데카르트는 안락의자에 머리를 묻었다.

---

*   형법학에 실증주의적 방법론을 도입한 이탈리아의 정신의학자, 법의학자.
**   프랑스의 수학자, 천문학자.
*** 독일의 시인, 극작가.
**** 이탈리아의 작곡가.

보네[*]는 두꺼운 천을 머리에 두르고 차가운 방에 틀어박혔다.

루소는 여름 땡볕 아래서 명상을 했다.

셸리는 난롯가에 머리를 뉘었다.

이것들은 그야말로 온몸의 혈액순환을 희생해서 순간적으로 대뇌의 혈액순환을 증가시키는 방법이다.

19세기 전반의 시인 콜리지는 「쿠빌라이 칸^{Kubla Khan}」이라는 시를 아편의 환각을 이용해서 썼다. 그리고 한동안 아편은 퇴폐주의 시인들의 영감의 모태가 되었다. 20세기에 들어서면 장 콕토는 영감을 얻기 위해 각설탕 한 상자를 전부 먹고 외투를 입은 채로 잤다고 한다.

11. 유머와 풍자의 차이는?

학문적으로는 여러 정의가 있지만 아주 간단히 말하면, 유머는 신랄함이 없는 것이고, 풍자는 신랄함이 있는 것이다. 그러므로 유머에는 고급한 유머에서부터 저급한 유머까지 있지만 사람을 화나게 하지는 않는다. 물론 풍자에도 에도 시대의 라쿠슈^{落首**}나 오늘날의 만화 같은 아주 대중적인 형식의 풍자도 있고, 볼테르의 『캉디드 혹은 낙관주의』와 같이 수준 높은 풍자소설도 있다. 풍자소설은 18세기에 걸작

---

* 스위스의 생물학자.
** 시사나 인물을 풍자한 익명의 풍자시.

이 많이 나왔는데, 몽테스키외의 『페르시아인의 편지』는 우연히 파리에 온 페르시아인의 눈을 통해 쓰였다는 픽션으로 선입견이 없는 신선한 시각에서 바라본 파리 풍속의 우스꽝스러움을 까발리고 있다.

아주 개괄적으로 말하자면 풍자란 편견이 없는 눈으로 아무런 선입견 없이 다시 바라보았을 때 생기는 그로테스크한 효과를 노린 것으로, 본래 풍자는 일정 정치 목적이나 당파적 목적을 위해 특별한 목적의식을 갖고 행사되어서는 안 된다. 풍자란 현상에만 사로잡혀 관습의 눈으로만 보고 있던 대상의 베일을 벗겨 본질을 드러내는 비평 양식이다. 더욱이 그 베일을 벗기는 방식이 일반 비평보다 무례해서, 결과적으로 풍자는 그로테스크한 웃음을 자아낸다. 『걸리버 여행기』가 훌륭한 풍자소설인 것처럼 풍자란 모든 의미에서 우리가 보는 세계가 아닌 세계를 하나의 조건으로 삼고, 거기에서 바라본 우리들의 모습을 까발리는 형식을 취할 때가 많다. 그래서 이솝을 비롯한 옛 풍자시 작가는 동물의 눈이나 소인국 사람의 눈이나 괴물의 눈이나 거인의 눈같이 인간이 아닌 것의 눈, 혹은 저 페르시아인처럼 다른 인종의 눈을 차용한다.

이에 비해 유머는 인간 생활 내부의 윤활유 같은 것이다. 유머도 긴장할 때 행동의 자유를 빼앗기는 인간의 갑갑한 신경을 풀어주어, 생활 속의 행동에 대해 자유롭고 편한 기분이 되도록 북돋우는 것이다. 그래서 영국인은 전쟁터의 격렬한 전투 속에서도 유머 정신을 발휘한다. 유머와 냉철함, 남성적 용기는 언제나 두 개의 수레바퀴처럼 같이 다닌다. 유머란 지성이 가장 부드러운 형태로 발현된 것이다. 독일인은 매우 남성적이고 무예를 숭상하는 국민으로 알려져 있지만, 유머 감각이 부족하다는 점에서 남성적 특질 중 중요한 요소 하나가 빠져 있다고 볼 수 있다.

12. 성격묘사에 대해

성격이라는 개념은 20세기 이래 소설에서는 크게 중요하지 않게 되었다. 그것은 사회 속에 사는 개개인이 담당하는 역할 같은 것이라 발자크 시대에 사회는 큰 극장과 같은 것으로서, 개개인이 성격이라고 하는 역할을 담당하며 행동을 하고 있다고 보았다. 그러나 이제는 그런 오래된 가구처럼 견고한 감촉을 가진 인간 형태는 인정되지 않는다. 현대인은 다양한 성격을 내포하고 한 성격에서 다른 성격으로 뛰어넘어 각자 자신이 가진 역할에서 벗어나고 싶어한다. 성격이라는 개념을 정확하게 믿고 성격이 연기하는 대로 극을 끝까지 소화해낸 한 소설가의 고백 소설이 콩스탕의 「아돌프」이다. 19세기 초에 쓴 이 소설은 아돌프라는 남자의 우유부단한 성격이 상대 여자와 그 자신까지 엉망으로 만드는 과정을 실감 나게 생생히 담고 있다. 그리고 저자는 후기에 이렇게 썼다. "처지라는 것은 참으로 하찮은 것이고 성격이 전부이다. 가령 외부 사람들이나 남과는 연을 끊어도 자신과 연을 끊을 수는 없다." 본문에서도 그는 종종 스스로도 어찌지 못하는 자신의 성격에 대해 고민한다. 그리고 강한 성격을 가진 엘리노어라는 여자는 유약한 아돌프를 끊임없이 상처 입힌다. "그녀는 그렇게 비난하며 내 긍지를 상처입혔다. 내 성격을 비난했다." 즉 이 연애는 성격의 충돌, 성격이 만들어 내는 갈등이다. 성격이라는 개념을 여실히 알고 싶다면 꼭 「아돌프」를 읽어 보길 바란다.

13. 방언으로 쓴 글에 대해

다니자키 준이치로의 『세설』을 만약 도쿄 방언으로 썼다고 상상해본다면, 방언이 문학에서 얼마나 큰 힘을 가지는지를 이해할 것이다. 『세설』의 번역이 이러한 방언의 매력을 전달하지 못한다면 얼마나 효과가 떨어질지도 상상이 된다. 다니자키는 순수한 도쿄 토박이인데, 교토 지역으로 이주한 후에 이 방언의 재미에 마음을 뺏겨 다양한 간사이 방언으로 소설을 썼다. 「만卍」은 간사이 방언으로 쓴 걸작으로 미끄럽고 축축한 연체동물처럼 움직임을 멈추지 않는 신기한 소설 구조는 그 독특한 간사이 방언을 빼고는 생각할 수 없다.

외국 작가들도 미국 남부 방언이나 다양한 방언의 효과를 많이 이용한다. 헤밍웨이의 『노인과 바다』에서도 플로리다

지방의 스페인어 혼용 영어가 지방색을 돋보이게 한다. 방언은 언어와 대지가 결합한 것으로, 언어 그 자체에 그 땅과 그 지역의 풍경이며 식물이며 복장이며 색채며 그런 모든 것들이 얽힌 특산물로서, 소설에서 가장 번역이 불가능한 것이 바로 우리의 역사적 지식과 풍토 감각이 결합한 이러한 방언 부분일 것이다. 그러나 방언을 구사하려면 언어 하나를 습득할 만큼의 노력이 필요하므로 그 지역에서 태어난 사람이 아니고서는 진정한 방언의 맛을 낼 수는 없을 것이다.

다니자키는 「만」을 쓸 때 오사카 출신의 조수를 고용했다고 하는데, 나는 게을러서 『파도 소리』라는 소설을 쓸 때 일단 표준어로 대화를 쓰고, 그것을 작품의 모델로 삼았던 섬 사람에게 전부 고쳐달라고 했다. 기노시타 준지木下順二를 비롯한 민화극* 작가는 근대 신극**에서 신기한 방언을 발명했다. 이것은 이부세 마스지井伏鱒二가 창작한 독특한 방언과도 또 다른, 신극계의 신기한 모더니즘 풍조를 형성했다. 어느 나라인지도 모르는, 어디로도 한정되지 않는 세계를 출현시키기 위해 이러한 기이한 방언을 쓰는 것은 일종의 편법이다. 왜냐하면 희곡에서 방언은 그것만으로 리얼리티가 부여되는 것 같이 관객의 귀에 착각을 일으키는 마약이기 때문이다. 일부

---

* 대사에 방언을 도입하는 등 소박하고 생생한 서민 생활과 감정을 그린 것이 많다.
** 가부키나 노 등의 구극에 대비되는 개념으로, 외국 근대극의 영향을 받아 나타난 새로운 연극 장르.

신인 극작가가 정체 모를 방언을 사용해서 희곡을 쓰는 것을 나는 하나의 기술적 도피라고 생각한다.

"주사는 어떠트나? 쪼매 낫는 거 같나?"

그렇게 물으며 자리로 앉더니 원래 하던 얘기로 돌아갔다.

"글쎄다…. 그런 거는 꾸준히 맞아야 하는 기라서."

"몇 번이나 맞아야 한다 카드나?"

"몇 번인지는 말 안 하대. 느긋하게 맞아 보라꼬만 카던데."

"결혼하기 전에는 안 낫는 거 아니가?"

"안 낫지는 않을 기라고 구시다 선상님이 그라기는 했다…."

"주사를 맞는다고 우예 그래 씻은 듯이 낫겠노."

그러더니 다에코는 갑자기 생각난 듯 말했다.

"아, 참 카타리나가 결혼했대이."

"그래? 니한테 편지가 왔나?"

"어제 기리렌코를 안 만났나. 다에코 씨 다에코 씨 하고 쫓아오는 기라. 그 카더니 카타리나가 결혼했닷꼬, 이삼일 전에 연락이 왔닷꼬 카더라."

"누캉 결혼했다 카드노?"

"지가 비서로 일하던 보험 회사 사장이라 카대."

"결국은 물었나 보네."

"기리렌코한테 온 편지에 사장 집 사진이 들어 있었는데, 우리는 지금 여어 산다. 남편이 엄마하고 오빠꺼정 모신다고 하니까, 얼렁 영국으로 오라고. 여비는 언제든지 보내준다꼬도 적혀 있었다 카대. 사진으로 보니까 집이 대저택인데 성같이 근사하다 카더라."

—다니자키 준이치로, 『세설』*

14. 좋은 비유란?

아주 적절한 비유는 소설의 문장을 지나치게 추상적이고 건조한 상태에서 살려 내어 독자의 이미지를 생생하게 만들고 사물의 본질을 한순간에 파악하게 해준다. 그러나 비유의 결점은 일껏 소설이 통일하고 단순화하고 집약시킨 세계를 비유가 다시 다양한 상상력의 영역으로 분산시켜버리는 것이다. 그러므로 비유는 너무 많이 사용하면 경박해지기도 하고 견고한 소설적 세계를 불꽃처럼 폭발시켜버릴 위험도 있다. 장 콕토의 소설에서 아주 좋은 비유 몇 개를 뽑아 보겠다.

'어떤 신비한 법칙이 기욤과 발리슈, 드 봄 공작 부인 같은 사람들을 수은처럼 연결시키는 것일까?'

'사람들은 마치 송아 덩굴이 석상을 뒤덮듯 괴사가 번져 죽어가는 그를 보고만 있어야 했다.'

'사람들은 급행열차 같은 소리를 내며 통과하는 아군의 탄

---

* 대화체가 일본의 간사이 방언으로 쓰인 작품으로, 이 번역에서는 편의상 경상 지역 방언을 일부 차용했다.

환과 부드러운 사인의 마지막 획을 천둥과 죽음의 검버섯으로 끝맺는 독일군의 포탄이 만들어 내는 그물 선반 아래에 살고 있었다.'

'그는 계속 기어갔다. 또 다른 시체를 만났다. 이 시체는 학살되었는지, 취객이 벗어 던진 겉옷과 구두와 넥타이와 와이셔츠처럼 내팽개쳐져 있다.'

—가와모리 요시조 번역

15. 조어란?

사전에 없는 말이다. 예를 들면 구메 마사오久米正雄는 '쓴미소微苦笑'라는 말을 발명했고 한때 누구나 아는 말이었다. 이것이야말로 소설가의 감각이 사람의 실제 표정을 포착하고 새로 단어를 만들어 표현한 것이다. 문학가의 조어란 경박한 유행어와 달라서 지금까지 있는 말로는 도저히 표현할 수 없는 대상을 말을 변형시켜서라도 표현하려고 하는 절실함이 있어야 의미가 있다. 신인이 소설을 쓰면서 무턱대고 신조어를 사용한다면 그것만으로도 성실성이 부족하다고 해야 할 것이다. 제임스 조이스는 소설 『피네간의 경야』에서 그 소설을 위한 사전을 새로 만들어야 할 정도로 한 단어, 한 단어 직접 만든 신조어로 작품을 썼다. 그중에는 영어를 일탈한 다음과 같은 말이 그의 독특한 이미지와 주장의 필요성에 따라 사용되고 있다. 『피네간의 경야』의 새 용어 사전을 소개하겠다.

voise : voice + noise   쉰 그의 목소리가 소음을 연상시킨다.

somewhit : somewhat   조금 더 적다.

Shellyholders :   조개껍데기처럼 파인 손.

Satisfiction : Satisfaction + so 'tis fiction   거짓말을 하지 않겠다고 말한 뒤에 '그건 뻥이야'라는 어조를 포함시켜 본 것이다.

Beausome : Bosom + Beau   아름다운 밤의 품 또는 미인의 가슴.

작품 해설

노구치 다케히코

 미시마 유키오三島由紀夫의 『문장독본文章讀本』은 1959년 1월 잡지 『부인공론夫人公論』의 별책부록 형태로 출간되어 같은 해 6월에 중앙공론사에서 단행본으로 발행되었다. 집필 기간은 미시마의 작품 연보상에서 장편소설 『교코의 집鏡子の家』을 쓰던 시기에 해당한다.

 미시마가 『문장독본』을 쓴 목적은 제1장에 아주 명확히 설명되어 있다. 그는 말한다. 세상에 널린 비슷한 독본은 '초심자 문학의 활성화에 영합하여 누구나 쓸 수 있는 문장독본에 치우치는 경향'이 있으나 자신은 그것과 타협하지 않겠다고. 실용적인 글은 아무나 쓸 수 있지만 독자가 감상할 만한 글은 전문적 수련을 거치지 않은 사람이 쉽게 쓸 수 없다.

즉 미시마는 첫머리에서 우선 문장의 '격조와 기품'을 중시하는 철저한 귀족주의를 관철할 것을 표명하면서 또한 안일한 아마추어리즘의 환상을 배제하는 데에서 출발한다.

그렇다면 『문장독본』의 의도는 무엇일까. 미시마는 알베르 티보데Albert Thibaudet의 용어를 빌려 문학 독자를 일반 독자lecteur와 독서가liseur로 분류하고, 자신의 집필 의도는 지금까지 전자였던 사람들을 후자인 '정말 소설의 세계가 실제 존재하는 것처럼 그 안에서 살아갈 만큼 소설을 깊이 맛보는 독자'로 인도하는 것이라고 선언한다. 사람은 먼저 독서가가 아니고서는 작가가 될 수 없다. 그런 의미에서 미시마의 『문장독본』은 누구나 작가가 될 수 있다는 식의 문장 입문서에 비하면 훨씬 양심적으로 작가 지망생에게 커리큘럼을 제공해주고 있다고 할 수 있을 것이다.

이렇게 시작되는 '제2장 다양한 문장' 이하에는 의심의 여지도 없는 당대 최고의 문장 감상가였던 미시마가 아니고는 할 수 없는 명쾌하고 면밀한 문장론과 문체론이 펼쳐진다. 서론에 배치한 '제2장 다양한 문장'에서 그가 제일 먼저 시도한 것은 결코 단순한 일본어 문체의 유형적 비교가 아니라, 일종의 일본어 문장 역사의 개관이라고 할 만하다. 현대 일본 문장에 대해 논하기 전에 아무래도 나라·헤이안 시대부터 에도 시대에 이르기까지 일본어 문장의 특질을 설명해야 했던 것은 일본어의 깊이 또는 **심층성**에 대한 그의 감각이 그만큼 예민했기 때문이다. 그래서 결코 고전문학의 전통을 중시한다거나 존중한다는 애매한 설명만으로 처리할 수 없었을 것이다. 현대 작가에게 때로는 무거운 짐이자, 굴레이기도 한 '오랜 전통과 일본어 특유의 특질'. 그것을 계승하든 그것으로부터 벗어나려고 하든, 어쨌든 오늘날의 작가들을 규정짓는 일종의 구속과의 싸움이야말로, 미시마가 발단에서 설정해야만 했던 문제였다.

그가 일본 문학의 특성을 논할 때 전제로 했던 다음의 견해는 단순히 문장 감상가로서의 발언에 그치지 않고, 미시마의 작가적 운명과도 근본적으로 관련이 있는 중요한 명제였을 것이다.

> 일본의 대표적인 순수 고전문학은 이러한 여류 작가들이 쓴 그야말로 여성적인 문학이며, 그 전통은 지금까지 오래도록 이어지고 있어, **일본 문학의 특질은 한마디로 여성적 문학이라고 해도 될 것이다.**

> 일본 문학은, 엄밀히 말해 **일본에서 탄생한 문학은 추상개념의 결여로부터 출발했다고 해도 좋을 것이다.** 그래서 일본 문학에는 추상개념의 효과적 기능인 구성력이나 등장인물의 정신적 형성 같은 것에 대한 고려가 오랫동안 상실되어 있었다. 남성적

인 세계, 즉 남성 특유의 이지와 논리와 추상개념이라는 정신적 세계는 오랫동안 방치되었던 것이다.

—제2장 다양한 문장

위의 두 명제는 요컨대 고대로부터 현대에 이르는 일본 문학 풍토에는 일관되게 남성적 문학 요소가 희박하다는 주장으로 귀착된다. 추상개념과 구성력의 남성적 문학 대 감정과 정념의 여성적 문학이라는 이 대립은 거의 그대로 산문과 운문의 대립으로 치환된다. 미시마에 따르면 일본 문학을 처음부터 끝까지 특징짓는 것은 이러한 전통을 배경으로 한 운문적 특질이다.

일본어의 특질은 사물을 가리키기보다는 사물이 풍기는 정서나 사물 주위에 떠도는 분위기를 끄집어내어 보여주는 것에 뛰어나다. 그리고 산문으로 쓰인 일본 소설에는 이러한 특질이 끝까지 따라다니면서, 어떤 면에서 그 산문적 특질을 감소시키면서도 오히려 문체를 풍부하게 하고 있다.

—제2장 다양한 문장

물론 미시마의 주장은 일본 문학에서 여성적·운문적 특질이 항상 우위를 차지하고 있다는 것이지, 남성적·산문적 요소가 전무했다는 것이 아니다. 오히려 이 두 가지는 항상 첨예한 대항력을 키우면서 문학 창작 현장에 일종의 역학적 긴장감을 제공해왔다고 미시마는 말한다. 바꾸어 말하면 일본 문학의 내적인 이지적 전통과 논리 세계는 그에 걸맞은 문체와 양식의 결핍에 시달리면서, 만연한 관능적 전통과 정념 세계에 대항해 나름의 표현을 추구하며 항상 악전고투를 거듭해왔다. 바로 그 점이야말로 당대 일본 문학의 역동성을 성립하게 하는 것이라고 평할 수 있으며, 미시마는 그러한 일본 문학사의 한 점에 자리하고 있었다.

그런 미시마가 메이지 문학이라고 하는 일본 근대 문학의 초창기에 모리 오가이의 지적인 문체와 이즈미 교카의 감각적 문체를 대비하고(제3장 소설 문장), 각각을 에도 시대 이전부터 내려온 한문 문체 및 고유 문체의 계승자로서 파악한 후에 '다른 작가의 문체는 모두 이 둘의 양극 사이에 각각의 별자리처럼 자리하고' 있다고 썼을 때 미시마 자신의 작가적 위치 역시 그 숙명적 자기장의 어딘가라고 인식했을 게 분명하다. 초창기 미시마의 현란한 서정적 재능이 드러난 필생의 작품 『풍요의 바다豊饒の海』 4부작의 농후한 장식적 문장을 보이도 이 작가가 스스로 일본 문학의 관능적 전통, 정념 세계와 얼마나 깊이 결속되어 있었는지를 충분히 알 수 있다. 한편 미시마가 스탕달과 모리 오가이의 명석한 문체를 평생 동경했을 뿐 아니라 그러한 문체의 도입과 구축에 성공했다는 사실은 잘 알려져 있다. 강렬한 남성적 의지를 구

축하려는 목표를, 지나칠 만큼 풍부한 관능적 감수성과의 투쟁을 통해 어떤 식으로 관철하고 확립할 것인가, 그것이야말로 미시마 문학의 일관된 극적 주제였던 것을 생각할 때, 그의 일본어 문장론이 무엇을 의도했는지는 충분히 짐작이 간다. 1959년에 출간된 『문장독본』은, 분명 (1970년에) 미완성 유작으로 남은 『일본문학소사日本文学小史』에서 자국 문화 전통으로부터 남성적 비극적 의지를 발굴하려 했던 그 거대한 미완의 계획을 이미 예감케 한다.

『문장독본』 후반에 상당한 분량을 할애하고 있는 문장 기교론은 미시마의 소설 작법을 이해하는 데 있어서 간과할 수 없는 내용이다. 미시마가 소설 묘사의 이모저모를 서술하기에 앞서 일부러 번역 문체론에 한 장을 할애한 것도 이상할 게 없다. 그는 아마 여기서 타고난 감정과 정념에 외피를 씌우기 위한 이지적 문체의 갑옷을 모리 오가이를 비롯해 서구 언어의 번역 문체를 배우면서 단련했음을 고백하고 있다. 그것은 그저 단순히 근대 이전에 한문을 통해 들어왔던 추상적 관념이 서구어의 번역어로 대체되었다는 사실만을 뜻하지 않는다. 번역은 동시에 인물묘사, 자연묘사, 심리묘사, 행동묘사 등에 대한 새로운 개념과 기교를 함께 가져다주었다. 미시마가 독자적으로 문체를 구축하는 과정에서, 마치 모리 오가이의 한문 문체와 같은 역할을 해낸 것이 바로 그러한 서구어 번역 문체였던 것이다.

예를 들어 심리묘사를 논하면서 미시마는 말한다. 일본 문학은 종전에 '심리와 관능이나 감각의 경계를 분명히 나누지 않는' 전통이 있었으나, 레몽 라디게를 가까이한 자신은 '논리로 분석할 수 있는 한도 내의 심리'의 추구에 매료된다. 사실 이렇게 심리 관찰자로서의 작가가 일정 높이에서 등장인물들의 마음의 움직임을 통찰하면서 묘사하는 시점을 도입한 작품은 미시마를 제외한 현대 일본 문학에서는 유례가 없다. 묘사하는 대상의 감정의 움직임은 가차 없이 분석하고 재단하면서 작가 자신의 감정은 항상 그로부터 이탈해 심리를 논리로 환원하는 작업에 개입하지 않는다. 미시마 작품의 그러한 심리주의적 측면을, 『문장독본』은 이런 식으로 요약하여 보여준다. '심리묘사란 하나의 역설이며, 영원히 알 수 없는 인간성에 대한 이론적 승리이다.'

문학작품을 읽는 독자를 소설이 만들어 낸 세계 속에 사는 사람으로 이끌 목적으로 쓰기 시작한 『문장독본』은 이윽고 단순한 문장 감상의 길잡이이기를 멈추고, 어느새 미시마 유키오 자신의 소설 작법 몇 가지를 드러내기에 이른다. 물론 매우 의식적 사고를 했던 미시마이지만, 자기 자신의 문장 기교와 그것이 의식의 표면에 드러난 자기 내면의 '영원히 알 수 없는' 혼돈의 관계를 백 퍼센트 아는 것은 불가능하다. 그러나 그는 여러 문장 기교를 실례로 들고 솔직하게 좋고 싫음을 표명함으로써, 어떤 문체 기술이 미시마 문학을 조성하고 있는가에 대해 이른바 빙산의 일각을 보여준다. 『문장독본』은 미시마 자신이 말하듯 독자를 '모든 양식의 글의 재미를 인정하고, 또 모든 양식의 글의 아름다움에 민감' 해지도록 만들 의도로 쓰였다. 그리고 동시에, 우리가 미시마의 소설 문체로 알고 있던 말로 짠 언어의 베틀질을 잠시 멈추고 거기에 교차되는 논리성의 씨줄과 관능성의 날줄의 구조를 차근히 살펴보기 위한 의도치 않은 자기해설서이기도 하다.

노구치 다케히코(野口武彦, 1937-)는 일본의 문예평론가, 일문학자, 사상사 연구가이다. 1973년 『다니자키 준이치로론』으로 가메이 가쓰이치로상을 수상, 2003년 『막부 말기의 세계』로 요미우리문학상을 수상했다. 저서로 『미시마 유키오의 세계』 『일본 사상사 입문』 등이 있으며, 전문 분야인 에도 시대 사상사에 중점을 두면서 근세에서 현대에 이르는 다양한 문학과 문화 양상을 참신한 관점으로 재조명하는 시도를 보여준다.

옮긴이의 말

  이 책은 제목 그대로 '문장을 읽는 방법을 안내하는 책'이다. 길잡이가 좋아서인지 이 책을 읽으면 독서를 하고 싶어진다. 『문장독본』은 독서 욕구를 강렬하게 자극하는 책인 셈이다.

  사람은 말하기 위해 먼저 듣는다. 쓰기 위해 먼저 읽는다. '쓰는 사람'인 미시마 유키오는 자신이 걸어온 길을 이 책을 통해 이야기하고 또 비교와 해석을 덧붙이면서 자신만의 방법으로 우리를 일반 독자에서 독서가로 끌어올려주고 나아가 작가의 시선마저 갖추게 해준다.
  우리가 글에 대해 좋고 싫음, 혹은 옳고 그름을 논하기 위해서는 우선 문장을 읽는 법을 알아야 한다. 미시마는 서두에서 '자신의 취향이나 편견을 버리고 모든 양식의 글의 재미를 인정하고, 또 모든 양식의 글의 아름다움에 민감해지고자 한다'고 선언하고 있다. 그러나 미시마 또한 자신만의 미학을 추구한 작가이기에 그 비교 분석에는 호불호가 있을 수밖에 없다. 그는 같은 작가에 대해서도 어떤 글은 인정하고 어떤 글은 가차 없이 비판하며, 자신의 잣대를 들이대고 직설적으로 평가한다. 그런데 다시 읽어 보면 그런 견해들이 모두 글을 사랑하는 마음, 글쓴이를 존중하는 마음에서 우러났다는 걸 알 수 있다. 그는 하나의 문체나 방향만을 인정하는 편협한 태도가 아니라, 극과 극에 있는 글이라도 좋은 점을 발견하는 유연성을 지녔다. 예를 들어 그가 모리 오가이의 지적 문체와 이즈미 교카의 감각적 문체를 각각 설명해 준 다음의 글에서 그 점이 충분히 드러난다.

가끔 상당한 멋쟁이가 아주 고급스러운 옷을 아무렇지 않게 소화해내며 남들에게 멋을 부렸다는 것을 보여주지 않지만, 자세히 보면 평상복처럼 무심하게 입은 옷이 대단히 고급스러운 명품 명주이거나 명품 무명이라는 걸 알 때가 있다.

거기에는 보기에도 화려한 색채의 범람이 있고, 자신의 감각으로 좇는 대상에 대한 성실한 추적이 있으며, 문장 전체는 하나의 사물을 확고하게 가리키는 대신 독자를 일종의 기분 좋은 순수지속의 세계로 이끈다.

―제3장 소설 문장

또 번역 문장에 대한 이야기도 어김없이 우리를 자극한다. 이 책을 쓸 당시 미시마는 이미 번역 투에 의구심을 느끼고 그것을 아무 의심 없이 받아들이는 독자들에게 실망하고 있었다. 그렇다면 번역된 문학작품을 읽을 때 독서가로서의 올바른 자세란 어떤 것일까. 우선 우리가 번역문에 느끼는 생경함을 생각해보자. 그것이 외국 문학이 품은 그 나라 특유의 역사와 문화, 전통적인 특징에서 오는 것인지, 혹은 새로 만들어진 번역 투에서 오는 생소함인지 구분해야 할 것이다.

그러기 위해서는 무엇보다 모국어로 쓴 문학작품에 대한 인식이 분명해야 한다. 모국어를 제대로 인식하는 것이 중요한 이유는 다른 언어에 실려 다른 문화와 사상이 들어올 때, 낯섦과 익숙함을 구분하고 판단하여 선택적으로 수용할 수 있기 때문이다. 흔히 말하는 '현지화' 또는 '자국화' 번역이 만능은 아니며, 그것이 번역가뿐 아니라 독자를 위한 건 아닐 것이다.

현재 우리는 글과 정보의 소용돌이 속에서 살고 있다. 새로운 개념과 말들이 잇따라 탄생하고 만들어지고 있다. 이런 상황이 문학에, 또 글을 쓰는 데에 있어 과거 어느 때보다 더 큰 혼란과 폐해를 낳을 가능성도 있겠으나 시각을 바꿔 개념과 말이 대폭발하는 또 하나의 캄브리아기에 살고 있다고 생각하면 이보다 흥분되는 일도 없다. 이 시기를 거치며 우리는 더욱 풍부하고 새로운 글을 갖게 될 것이기 때문이다.

'제7장 문장 기교'에서는 미시마가 이전까지 다루던 독자의 입장을 떠나 이제 쓰는 이의 입장으로 시선이 전환된다. 이 책을 쓴 미시마 본인의 글쓰기 방식을 직접적으로 알 수 있는 부분이라 흥미로우면서도, 작가의 영업 비밀을 엿보는 것 같아 망설여지는 면이 있다. 그러나 미시마는 그런 걱정을 일축하고 길잡이가 아닌 작가로서 우리를 자기만의 미학 속으로 이끌어준다.

> 나는 글의 최고 목표를 **격조**와 **기품**에 둔다. (…) 구체적으로 말하면 문장의 격조와 기품은 어디까지나 고전적 교양에서 태어나는 것이다. 그리고 고전시대의 미美의 단순함과 간결함은 시대가 달라져도 마음을 감동시키므로 현대의 복잡성을 표현한 복잡하기 그지없는 문장조차, 조잡한 현대의 현상에 굴복하지 않는 한 어딘가에서 이 고전적 특질을 통해 현대의 현상을 극복하고 있을 것이다. 문체를 통한 현상의 극복이 문장의 최

종적 이상인 한, 결국 문체의 최종적 이상은 기품과 격조일 것이다.

―제8장 맺음말―문장의 실제

　미시마의 문장론과 문체론의 총체가 여기에 있다고 봐도 무방하다. 단편과 장편, 시점의 차이, 장르의 차이 등을 뛰어넘어 그가 글을 통해 추구하는 궁극적 이상은 격조와 기품인 것이다.

　문사철文史哲은 인문학의 기초라고 한다. 이 책에서 미시마는 문장을 논하며 문장의 역사를 더듬어보고 자신의 문장철학을 제시했다. 이 책은 가르쳐준다. 글에는 격조와 기품이 가장 중요하고, 그러기 위해서는 글 속에 역사와 사상이 들어 있어야 한다는 것을. 우리는 누구나 독자인 동시에 글 속에 역사와 사상을 담는 작가임을 잊어서는 안 된다. 이 책은 독서 길잡이인 동시에 우리가 진정한 독서가가 된 이후 그 너머에 무엇을 발견할 수 있을지를 꿈꾸게 만드는 마법의 책이기도 하다.

2022년 초봄
강방화, 손정임

편집 후기

 R은 종종 집에 와서 술도 마시고 음식도 나눠 먹는 사이다. 그날은 평일이었지만 밤이었고 그래서 R의 방문이 이상하지 않았다. 마침 낮에 미시마 번역 원고가 들어와서 글 쓰는 일을 하는 R의 감상이 궁금했다. 그래서 좋았던 부분을 몇 대목 들려줬다. R은 낮게 시선을 떨어뜨리고 자못 진지하게 경청하고 있었다. 한 문단쯤 읽고 이만하면 되겠지 싶어 낭독을 멈췄다. 그러자 R이 단호하게 말했다.
 "조금만 더!"
 미시마의 소설을 인상적으로 읽어왔기 때문에 미행에서도 그의 소설을 출간하고 싶었다. 국내에 소개되지 않는 작품을 기획했는데 이미 계약한 곳이 있다는 에이전시의 회신을 받았다. 그럼에도 미시마의 작품을 꼭 하고 싶다는 열망이 남아 있어서 방향을 어디로 잡아야 할지 고민하던 중 이 책이 눈에 들어왔고, 이내 눈앞이 환해졌다.

『문장독본』은 1959년에 출간되었다. 대표작 『금각사』가 출간된 게 1956년이니까 삼십대였던 미시마 유키오가 한창 절정에 올라 왕성하게 활동하던 시기에 집필된 책이다. 지금까지 국내에 소개된 작품이 대부분 소설이었다면 이 책은 미시마 유키오의 문장론이라 할 수 있겠다. 일본뿐만 아니라 프랑스, 북유럽 문학까지 넘나드는 독서 편력에서 소설가이기 전에 독서가인 미시마 유키오를 만나볼 수 있는 작품이다. 미시마의 눈에 띈 세계적인 작가의 작품들을 골고루 한 스푼씩 맛볼 수 있다.

이 책의 독특한 점은 작가가 미시마 유키오인 데 있다. 동료 작가들의 문장을 이야기하다가 슬쩍 자신의 목소리를 끼워 넣는다. 남을 깎아내리지 않으면서 솔직하게 자신의 생각을 털어놓는다. 이런 문장을 좋다고 하는데 내 취향은 이거다! 그는 에둘러 말하지 않는다. 작가에게 예민할 수 있는 자신만의 글쓰기 비법까지 모두 다 알려준다. '와, 이런 것까지?'라고 감탄이 나올 정도였다. 문학에 정말 자신이 있는 작가의 모습이란 이런 게 아닐까.

미시마 유키오의 『문장독본』을 작업하면서 이렇듯 작가의 육성이 잘 들리는 작품은 편집자에게 일하는 재미와 함께

묘한 긴장감을 주기도 한다는 걸 다시 깨달았다. '제6장 번역 문장'에서는 숨까지 죽이고 문장을 읽어 나갔다. 얼굴을 화끈거리게 했다가 통쾌한 해방감을 선사하는데 번역가와 외국 문학 편집자라면 꼭 곱씹어봐야 할 대목이었다. 우리가 쓰는 문장에 그치지 않고 여러 요소의 묘사는 물론이며 남녀노소의 문장, 나쁜 문장도 잘하면 개성이 될 수 있다는 과연 미시마다운 발언까지 생각이 꼬리를 물게 하는 말들.

좋은 글을 읽으면 어서 다음을 읽고 싶어진다. 속도가 붙고 한참 달리다가 정신을 차리면 아까운 마음이 든다. 그럼 다시 앞으로 돌아간다. 천천히 음미하면서 문장을 읽는다. 미시마는 어둠에 눈이 익숙해지면 사물이 분명히 보이듯 기품과 격조 있는 문장은 반드시 후세에 인정받게 될 거라고 말했다. 그의 예언이 실현되기를 기다린다.

인명 찾아보기

ㄱ

가와바타 야스나리川端康成 67, 68, 73, 119, 121, 204

가와지 류코川路柳虹 36

가와카미 데쓰타로河上徹太郎 174, 203

가와타케 모쿠아미河竹黙阿弥 28, 100

가지이 모토지로梶井基次郎 65, 67-69, 154

가토 미치오加藤道夫 101

고다 아야幸田文 181

고바야시 히데오小林秀雄 113-115

괴테, 요한 볼프강 폰Goethe, Johann Wolfgang von 81, 82, 86, 89

구보타 만타로久保田万太郎 92, 94, 100

기노시타 모쿠타로木下杢太郎 212

기노시타 준지木下順二 101, 221

기시다 구니오岸田國士 100, 104-106

ㄴ

나카무라 미쓰오中村光夫 114, 116

니시다 기타로西田幾多郎 194

ㄷ

다나카 지카오田中千禾夫 101

다나카 히데미쓰田中英光 174

다니자키 준이치로谷崎潤一郎 30, 33, 48, 89, 119, 121, 140, 141, 190, 202, 211, 213, 220, 223

다메나가 슌스이為永春水 158

다케다 다이준武田泰淳 154, 155

도스토옙스키 81-83, 90, 91, 158, 165

ㄹ

라디게, 레몽Radiguet, Raymond 133, 159, 162, 163, 166, 195, 233

라 브뤼예르La Bruyère 131

라신, 장 바티스트Racine, Jean Baptiste 158, 163, 165

리드, 허버트Read, Herbert 58, 59, 61

릴라당, 오귀스트 드 비예르 드L'Isle-Adam, Auguste de Villiers de 66, 123, 127, 148, 194, 214

ㅁ

말로, 앙드레Malraux, André 172

메리메, 프로스페르Mérimée, Prosper 77, 122, 128

모리모토 가오루森本薫 101

모리아크, 프랑수아Mauriac, François 163, 165

모리 오가이森鷗外 37, 48, 53, 54, 56-63, 68, 71, 96, 113, 123, 172, 173, 178, 179, 182, 231, 232, 236

모파상, 기 드Maupassant, Guy de 65, 66, 140

미요시 다쓰지三好達治 37

ㅂ ────

발레리, 폴Valéry, Paul 63, 112, 113, 204

발자크, 오노레 드Balzac, Honoré de 81-83, 136, 138, 155, 219

볼테르Voltaire 20, 217

ㅅ ────

사강, 프랑수아즈Sagan, Françoise 159

사드, 프랑수아 드Sade, François de 216

사르트르, 장 폴Sartre, Jean Paul 42, 203

사토미 돈里見弴 92

사토 하루오佐藤春夫 37, 113

생트 뵈브, 샤를 오귀스탱Sainte-Beuve, Charles Augustin 13

스기 도시오杉捷夫 78, 122, 128, 165

스탕달Stendhal 13, 58, 59, 82, 136, 149, 158, 166, 231

시가 나오야志賀直哉 13, 23, 48, 63, 69, 113, 122, 152, 153, 205, 207

쓰보우치 쇼요坪内逍遥 28

ㅇ ────

아쓰시게篤茂 25

아쿠타가와 류노스케芥川龍之介 71, 72

야마시타 기요시山下清 213

야콥센, 옌스 페테르Jacobsen, Jens Peter 149, 151

에신 소즈惠心僧都 19

오다 사쿠노스케織田作之助 179, 215

오에 겐자부로大江健三郎 42, 43, 208, 209

오오카 쇼헤이大岡昇平 119, 185, 195

오자키 고요尾崎紅葉 36, 144

오카모토 가노코岡本かの子 182, 183

오카쿠라 덴신岡倉天心 119

요코미쓰 리이치橫光利一 42, 43, 133, 146

이부세 마스지井伏鱒二 221

이시카와 준石川淳 30

이시하라 신타로石原慎太郎 43, 44

이즈미 교카泉鏡花 30, 45, 53, 55, 59-64, 68, 70, 231, 236

이토 세이伊藤整 32, 158, 177

이하라 사이카쿠井原西鶴 22, 30, 35, 49

ㅈ

조이스, 제임스 Joyce, James　158, 163, 224

지카마쓰 몬자에몬 近松門左衛門　34, 49

진자이 기요시 神西清　190

ㅋ

카프카, 프란츠 Kafka, Franz　160

콕토, 장 Cocteau, Jean　191, 192, 213, 217, 223

콩스탕, 뱅자맹 Constant, Benjamin　219

ㅌ

티보데, 알베르 Thibaudet, Albert　12, 228

ㅍ

포, 에드거 앨런 Poe, Edgar Allan　65, 123, 125, 148

프루스트, 마르셀 Proust, Marcel　14, 50, 62, 81, 158-160, 162, 163, 166, 183, 184

플로베르, 귀스타브 Flaubert, Gustave　66, 139

ㅎ

호리 다쓰오 堀辰雄　67, 70, 133, 153, 154

호메로스　27, 28, 169, 172

후나하시 세이이치 舟橋聖一　94, 95

후쿠다 쓰네아리 福田恆存　101, 106, 108

후타바테이 시메이 二葉亭四迷　36, 120

히구치 이치요 樋口一葉　36

미행에서 만든 책들

1	소설	마르셀 프루스트	최미경	**쾌락과 나날**
2	시	조르주 바타유	권지현	**아르캉젤리크**
3	소설	유리 올레샤	김성일	**리옴빠**
4	시	월리스 스티븐스	정하연	**하모니엄**
5	소설	나카지마 아쓰시	박은정	**빛과 바람과 꿈**
6	시	요제프 어틸러	진경애	**너무 아프다**
7	시	플로르벨라 이스팡카	김지은	**누구의 것도 아닌 나**
8	소설	카트린 퀴세	권지현	**데이비드 호크니의 인생**
9	르포	스티그 다게르만	이유진	**독일의 가을**
10	동화	거트루드 스타인	신혜빈	**세상은 둥글다**
11	산문	미시마 유키오	강방화·손정임	**문장독본**
12	소설	마르셀 프루스트	최미경	**익명의 발신인**
13	시	E. E. 커밍스	송혜리	**내 심장이 항상 열려 있기를**
14	시	E. E. 커밍스	송혜리	**세상이 더 푸르러진다면**
15	산문	데라야마 슈지	손정임	**가출 예찬**
16	칼럼	에릭 사티	박윤신	**사티 에릭 사티**
17	산문	뤽 다르덴	조은미	**인간의 일에 대하여**
18	르포	존 스타인벡·로버트 카파	허승철	**러시아 저널**
19	소설	윌리엄 포크너	신혜빈	**나이츠 갬빗**
20	산문	미시마 유키오	손정임·강방화	**소설독본**
21	소설	조르주 로덴바흐	임민지	**죽음의 도시 브뤼주**
22	시	프랭크 오하라	송혜리	**점심 시집**
23	산문	브론테 자매	김자영·이수진	**벨기에 에세이**
24	소설	뱅자맹 콩스탕	이수진	**아돌프 / 세실**
25	산문	안드레이 플라토노프	윤영순	**전쟁 산문**
26	소설	안토니 포고렐스키 외	김경준	**난 지금 잠에서 깼다**
27	소설	모리 오가이	전양주	**청년**
28	소설	알베르틴 사라쟁	이수진	**복사뼈**
29	산문	페르난두 페소아	김지은	**이명의 탄생**
30	산문	가타야마 히로코	손정임	**등화절**
31	산문	고바야시 히데오	유은경·이재창	**비평가의 책 읽기**

32	소설	조르주 바타유	유기환	**마담 에드와르다 / 나의 어머니 / 시체**
33	시론	라헬 베스팔로프	이세진	**일리아스에 대하여**
34	시	하트 크레인	손혜숙	**다리**

한국 문학

| 1 | 시 | 김성호 | **로로** |
| 2 | 시 | 유기환 | **당신이 꽃 옆에 서기 전에는** |

미시마 유키오(三島由紀夫, 1925-1970)는 1925년 1월 14일 도쿄에서 태어났다. 도쿄대학 법학부를 졸업한 후 관료로 대장성(大藏省)에 들어가지만 구 개월 만에 그만두고 본격적으로 작가 생활을 시작했다. 미시마는 일본 최고의 소설가이자 극작가, 배우, 보디빌더, 수필가, 평론가, 정치활동가였다. 이차세계대전 이후의 일본 문학계를 대표하는 문인이자 노벨문학상 후보로 수차례 선정되는 등 일본을 넘어 해외에서도 널리 인정받았다. 작가의 실제 삶과 경험을 다루는 사소설이 주류였던 일본 근대문학 사조 속에서도, 문학작품은 시대를 표현하고 때로는 그것에 반기를 들며 새로운 역사적 비전을 제시해야 한다고 생각했던 그는 자신의 그런 사상을 작품으로 구현해냈다. 대표작으로는 「가면의 고백」(1949), 「금색」(1951-1953), 「파도 소리」(1954), 「금각사」(1956), 「우국」(1961), 「풍요의 바다」(1969-1971) 등이 있으며, 수사적이고 화려하며 시적 문체, 고전주의와 낭만주의가 공존하는 탐미적 작풍이 특징이다.

옮긴이 강방화는 재일 교포 3세이다. 이화여자대학교 통역번역대학원에서 석사 학위를 받고, 고려대학교 문예창작학과 박사 과정을 수료했다. 일본어로 옮긴 책으로 「7년의 밤」, 「홀」, 「참담한 빛」 등이 있고, 한국어로 옮긴 책으로 「도쿄 우에노 스테이션」, 「봄이 오면 가깨」, 「소설독본」 등이 있으며, 공저로 「일본어 번역 스킬」이 있다.

옮긴이 손정임은 이화여자대학교 통역번역대학원에서 석사 학위를 받고, 동 대학원 박사 과정을 수료했다. 옮긴 책으로 「신이 마련해 준 장소」, 「혼자서도 할 수 있어」, 「배웅불」, 「긴 봄날의 짧은 글」, 「영리」, 「가출 예찬」, 「소설독본」 등이 있고, 공저로 「일본어 번역 스킬」이 있다.

문장독본

미시마 유키오
강방화 · 손정임 옮김

초판 1쇄 발행 2022년 2월 28일
초판 3쇄 발행 2025년 7월 25일

펴낸곳 미행　　　　　　　　　　　**출판등록** 제2020-000047호
전화 070-4045-7249　　　　　　**메일** mihaenghouse@gmail.com
인쇄 제책 영신사

ISBN 979-11-92004-03-7 03800

BUNSHO DOKUHON by MISHIMA Yukio

Copyright © The heirs of MISHIMA Yukio, 1959

All rights reserved.

Originally published in Japan by Chuokoron-shinsha, Inc.
Korean translation rights arranged with The heirs of MISHIMA Yukio, Japan through THE SAKAI AGENCY and KCC.

Korean Edition © Mihaeng House, 2022

이 책은 (주)한국저작권센터(KCC)를 통한 저작권자와의 독점계약으로 미행에서 출간되었습니다. 저작권법에 의해 한국 내에서 보호를 받는 저작물이므로 무단전재와 복제를 금합니다.